# 人口と世界

日本経済新聞社 編

日本経済新聞出版

# はじめに

かつて人類最大の課題は人口爆発だった。

「人類が増えすぎた人口を宇宙に移民させるようになって、すでに半世紀が過ぎていた」。1979年放映のテレビアニメ「機動戦士ガンダム」第1話はこんな台詞から始まる。背景にあるのが、72年に国際団体ローマクラブが発表した報告書「成長の限界」だ。人口増と環境汚染で100年以内に地球の成長は限界を迎えると警鐘を鳴らした。巨大居住地を宇宙に作り移住する「スペースコロニー」のアイデアを米物理学者ジェラルド・オニール氏が74年に公表し、人口増への危機感は多くのSF小説・映像作品の基盤になった。

しかし人類は初めて踊り場に差しかかろうとしている。ホモ・サピエンスの誕生から30万年間、世界の成長を支えてきた人口増大に陰りが見え始めたからだ。

20世紀に人口を4倍に増やした人口爆発。現代文明の基礎となったこの急激な人口増加は、今世紀で終わる。米ワシントン大によると世界人口は2064年の97億人がピークで、その後、人類は経験したことのない下り坂を迎える。

低迷する出生率、経済成長の停滞、労働者不足、社会保障費の膨張――。人口減少へのひずみが世界で噴出し始めた。人類は衰退の道へと迷い込むのか、それとも繁栄を続けられるのか。取材班はこの問いから出発し、取材を始めた。

1章「成長神話の先に」では、人口を巡る大きな変化の兆しを取り上げ、人類を待ち受ける未来を予測する。記者がイランの首都テヘランで出会ったのは、子ども服店の経営者アザデさん（37）。彼女に子どもはいないが、アザデさんの父は11人兄弟だった。イラン女性の大学進学率は日本を上回る6割超で、1980年代に6を超えていたイランの合計特殊出生率は、いまや先進国並みの1・7。先進国に労働者を送り出してきた新興国の多くで若年人口は先細りとなる見通しだ。

韓国や日本では超少子化に陥る分水嶺とされる「出生率1・5」を割ったまま、回復する兆しがない。2億人が退職目前の中国は、膨張する社会保障への備えが不十分なまま超高齢社会に突入する。国力の基盤である人口が減っていくなか、専門家は「人口の脅威が各国を戦争へと駆り立てる」と指摘する。

2章「新常識の足音」では、人口増加が当たり前の時代には戻れないなかで見えてきた新たな常識を取り上げる。ホモ・サピエンスが誕生の地アフリカから移住を始めた「出アフリカ」から約6万年。新天地を求める移民は増えたが、世界で若者人口が減る傾向が加速し、移民を選ぶ時代から移民に選ばれる時代がやってきた。労働力不足が進むなか、ロボットや人工知能（ＡＩ）との共生は不可欠となっている。

3章「衰退が招く危機」では、世界の安全保障を脅かす人口の危機を描く。突然のウクライナ侵攻で、世界を混乱に陥れたロシアのプーチン大統領。領土拡張をもくろむ野心の原点には、人口減少への危機感があるとみられている。冷戦期に超大国だった旧ソ連が衰えていった背景には、「ロシアの十字架」と呼ばれる人口の転換点があった。

米の歴史家は戦前のドイツや日本を例に「衰退する大国は攻撃性を強める」と唱える。歴史が繰り返すとすれば、人口減少への過渡期にある中国も暴発のリスクが高まりつつある。

4章「下り坂にあらがう」では、大胆な改革で人口減に向き合おうとする各国の取り組みを追う。人口減少の危機に直面し、大きく「国のかたち」を変えてきた国がある。「国民がいなくなる」とまでいわれた１９３０年代の人口危機を経て、高福祉国家へとカジを切ったスウェーデン。総人口の２割の移民を受け入れたカナダ。出生率が世界最低の0・81

となり、社会の再構築に着手した韓国。全国民のリスキリング（学び直し）計画を立てたシンガポール。いずれも身を切る痛みを伴う改革だ。

人口減少は過去の社会や制度によって導かれた「結果」だ。慣れ親しんだ社会を変える覚悟がなければ、衰退の一途をたどることは避けられない。

5章「わたしの選択」では、少子化の背景にある家族や個人の選択に注目する。世界で少子化が加速する理由は様々だが、その背景にあるのは、子どもを産むか、産まないかという一人ひとりの人生の選択だ。婚外子割合の高い国で出生率が高くなっているというデータや、子を産んだ女性の所得が減る「母の罰（マザーフッド・ペナルティー）」という現象、一時滞在型の移民の増加や不妊治療の福利厚生制度を充実する企業の動きなどを探る。

6章「逆転の発想」では、少子化を止められなかった誤算を認め、転機に変える方法について考えた。出生率が世界最低水準の韓国は、労働力不足を補うロボットの密度が世界最大になった。先進国で唯一人口が激増するイスラエルは宗教や歴史的な背景から、家族を増やすことを普遍的な価値と位置づけ、生殖医療推進に力を入れる。ドイツでは複数国籍を認める議論が活発になっている。

日本はもはや手遅れなのか――。人口減少への対策は長年議論されてきたが、結婚や出産への価値観の変化、仕事と育児の両立の難しさ、上がらない収入など、少子化を招いた社会構造は変わらないままだ。旧弊から脱し、新たなモデルを築かなければ停滞から脱するのは難しい。暗く長いトンネルの向こうに光明を見いだせるかどうかは、社会を構成する私たち一人ひとりにかかっている。

（本書は2021年8月〜23年4月の日本経済新聞連載を加筆・再構成した。本文中の年齢や役職、為替換算、事実関係などは原則として掲載時のままとした）

日本経済新聞社「人口と世界」取材班

2023年6月

# 目次

5章 わたしの選択 169

## 6章 逆転の発想

# 1章

# 成長神話の先に

# 1 人類史初の人口減時代が迫る

人類の爆発的な膨張が終わり、人口が初めて下り坂に入る。経済発展や主に新興国での女性の社会進出で、世界が低出生社会に転換しつつある。産業革命を経て、人口増を追い風に経済を伸ばし続けた黄金期は過ぎた。人類は新たな繁栄の方程式を模索する。

## 世界人口は2064年にピーク、下り坂に

世界人口は2064年の97億人をピークに減少する――。米ワシントン大は20年7月、衝撃的な予測を発表した。

50年までに世界195カ国・地域のうち151が人口を維持できなくなる。国連は「2100年に109億人となるまで増え続ける」と試算していたが、出生率が想定以上に落ち込む見通しだ。

30万年の人類史で寒冷期や疫病により一時的に人口が減ったことはあるが、初めて衰退

世界人口は過去200年に急増したが減少局面に

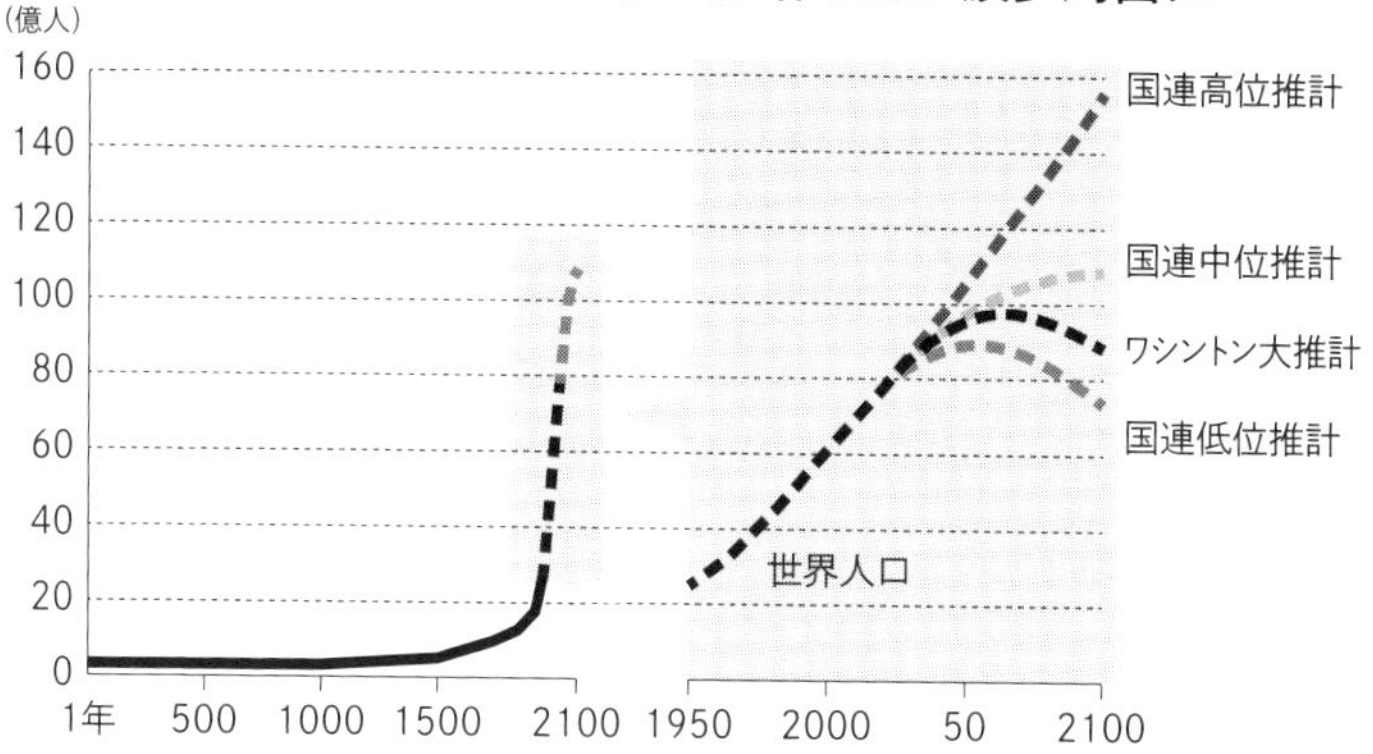


期がやってくる。ワシントン大のクリストファー・マレー保健指標評価研究所長は、出生率が回復しなければ「いずれ人類は消滅する」と予言する。

危機は目の前にある。1960年代後半に世界の人口増加率はピークの2・09％に達したが、2023年には約80年ぶりに1％を割る。17年には15～64歳の働き手（生産年齢人口）の増加率が1％を下回り、すでに世界の約4分の1の国で働き手が減り始めた。

▼「母親になりたかったけれど……」。イランの首都テヘランの子ども服店経営者アザデさん（37）は子どもがいない。父は11人兄弟だったが、いまやイラン女性の大学進学率は日本を上回る6割超で、少子化が進む。

## 米欧に続きアジアでも少子高齢化で働き手が減る

（主な地域の全人口に占める15～64歳の比率）

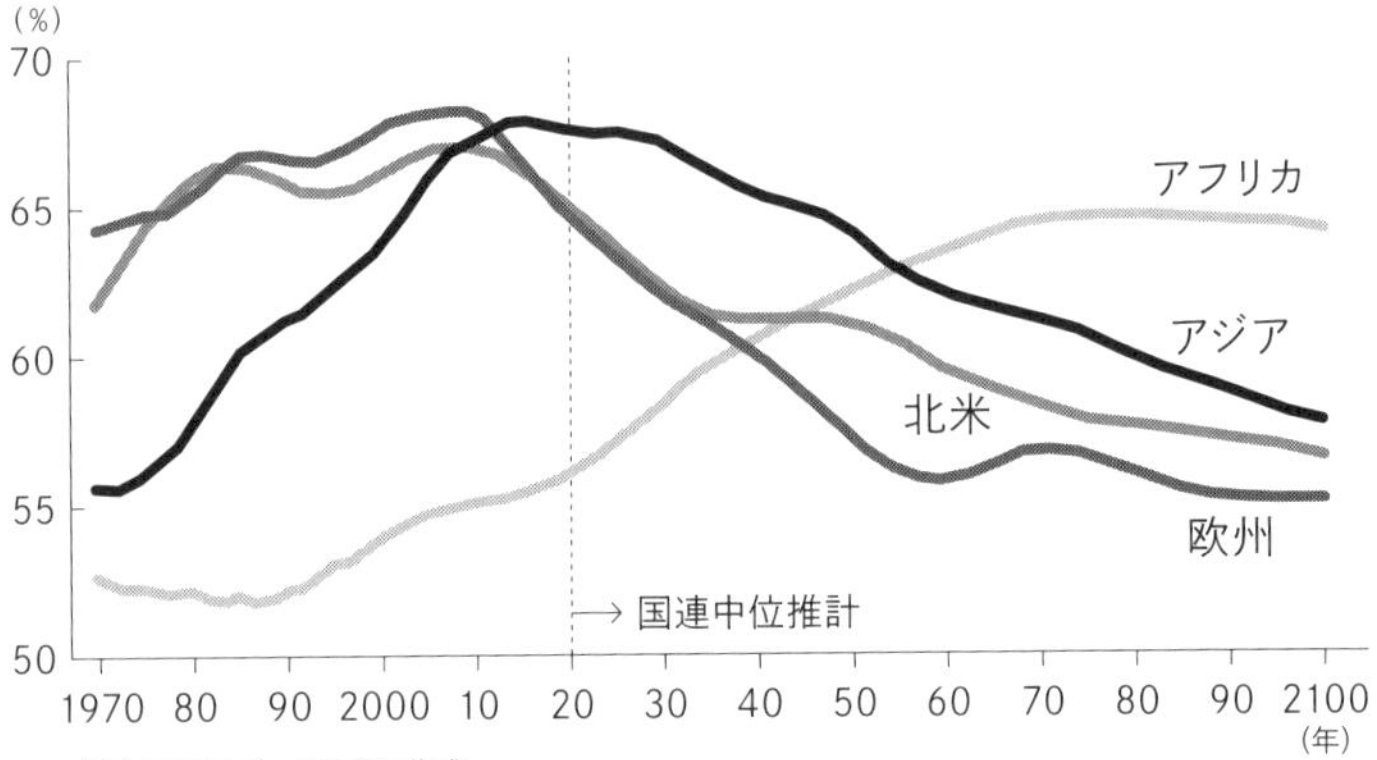


（注）国連のデータを基に作成

▼17年に高齢化社会に入ったベトナム。21年1月から定年を段階的に引き上げ、28年までに62歳にする。高齢化の暗雲が途上国を覆う。

▼「反移民」を掲げるハンガリー。人口減で労働力が足りず、排除したはずの外国人の労働許可を緩和した。19年の外国人就労許可数は4年前の約6倍。もはや移民なしで社会は回らない。

最も顕著なのは中国だ。22年にも人口が減り始め、2100年には21年時点の14・1億人から7・3億人に激減するとワシントン大は予測する。同じ年に日本など23カ国の人口が半分以下に縮む。

「米中の国内総生産（GDP）は逆転しない」とウィスコンシン大の易富賢氏は予測する。中国のGDPが中長期的に米国を上回ると試算する調査期間もあるが、易氏は中国の人口統計が1億人以上水増しされているとしてGDP逆転は起きないとみる。

## コロナ禍で出生数減少に拍車がかかる

新型コロナウイルスが退潮に拍車をかける。20年の日本の出生数は前年比3％減の84万人と1899年の調査開始以来最少。雇用や医療などに不安が広がり、米国も3611万人と41年ぶりの低水準だった。米ブルッキングス研究所は「失業率が1ポイント上がると出生率は1％下がる」と分析する。

人口は繁栄の基盤だった。1800年の英国。産業革命により経済成長と食糧の大量生産を実現し、医療・衛生環境も大幅に改善した。100年後の人口を約4倍に増やし、英国が世界に覇権を広げる原動力になった。

1800年に約10億人だった世界人口はいまや78億人。人口が爆発的に増えたのは人類史で直近の200年間だけだ。急膨張した人類は、破綻を危ぶんだ。ローマクラブは1972年、人口増と環境汚染で100年以内に「成長の限界」を迎えると警告した。

人口大国である中国の一人っ子政策などが奏功し、新興国で出生率が低下した。同地域

各国で所得が増え出生率が低下した
（1960～2019年実績）

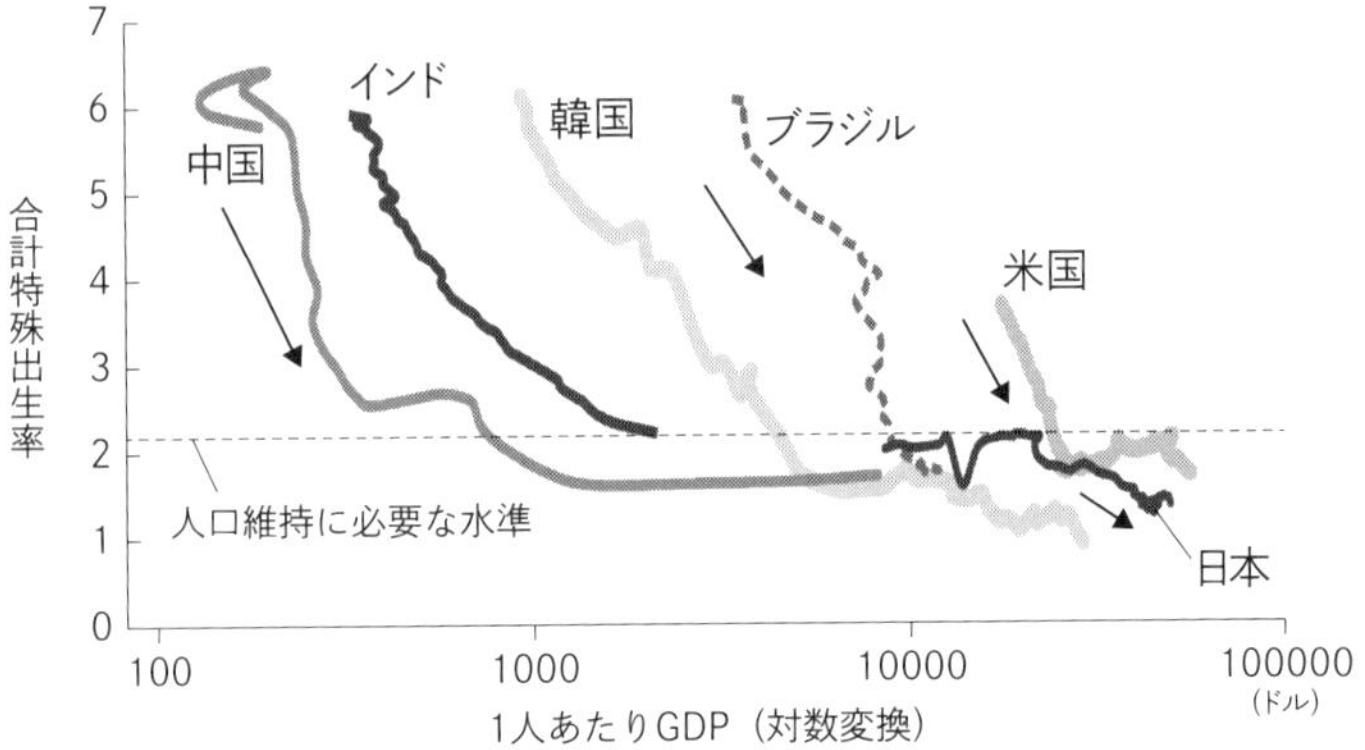


（出所）世界銀行

で女性の教育と社会進出が加速したことも影響した。女性１人が生涯に産む子どもの数（合計特殊出生率）は２０１７年時点で２・４と、人口が増えなくなる２・１の目前だ。

人口減時代は新たな難題が待つ。人口増が前提の年金や社会保障制度は転換を迫られる。労働者が減れば過去の成長モデルは通用しない。

ただ見方を変えれば、人口爆発の副産物だった環境問題や資源枯渇の危機は和らぐかもしれない。雇用を奪うとの抵抗もある人工知能（ＡＩ）などのデジタル技術は、生産性を引き上げ労働力不足を補う武器になる。

いち早く人口減に突入した日本にとっても改革のチャンスだ。

従来の発想を捨て、人口減でも持続成長できる社会に大胆につくり変えられるか。歴史人口学者の鬼頭宏前静岡県立大学長は予言する。「次の文明システムへの転換期。乗り切るか没落するかの分かれ目だ」

Column

## 人類の繁栄のきっかけとなった2つの革命

ホモ・サピエンスがアフリカに登場してから約30万年。これまでの人類の総出生数は約1000億人とされる。人類の繁栄は2つの「革命」がきっかけだった。

一つは1万年前の農業革命。地表が氷で覆われた寒冷化が終わりを迎え、農耕と家畜飼育が始まった。人類は狩猟採集から定住に移り、各地で文明が誕生していく。

ただ人類は緩やかな増加を続けながらも、現在のような繁栄には至っていなかった。人口爆発の端緒は約200年前の産業革命だ。1769年、ワットが蒸気機関を発明したことで、人類は化石燃料から莫大なエネルギーを得られるようになった。1820〜60年に石炭の生産は10倍になり、その後の100年でさらに10倍に増えたとされる。

1906年のハーバー・ボッシュ法の発明も大きい。空気中に豊富に含まれる窒素と水素をアンモニアに変える技術で、化学肥料の大量生産を実現した。人口増加に追いつかな

## 途上国でも人口増加率は急低下

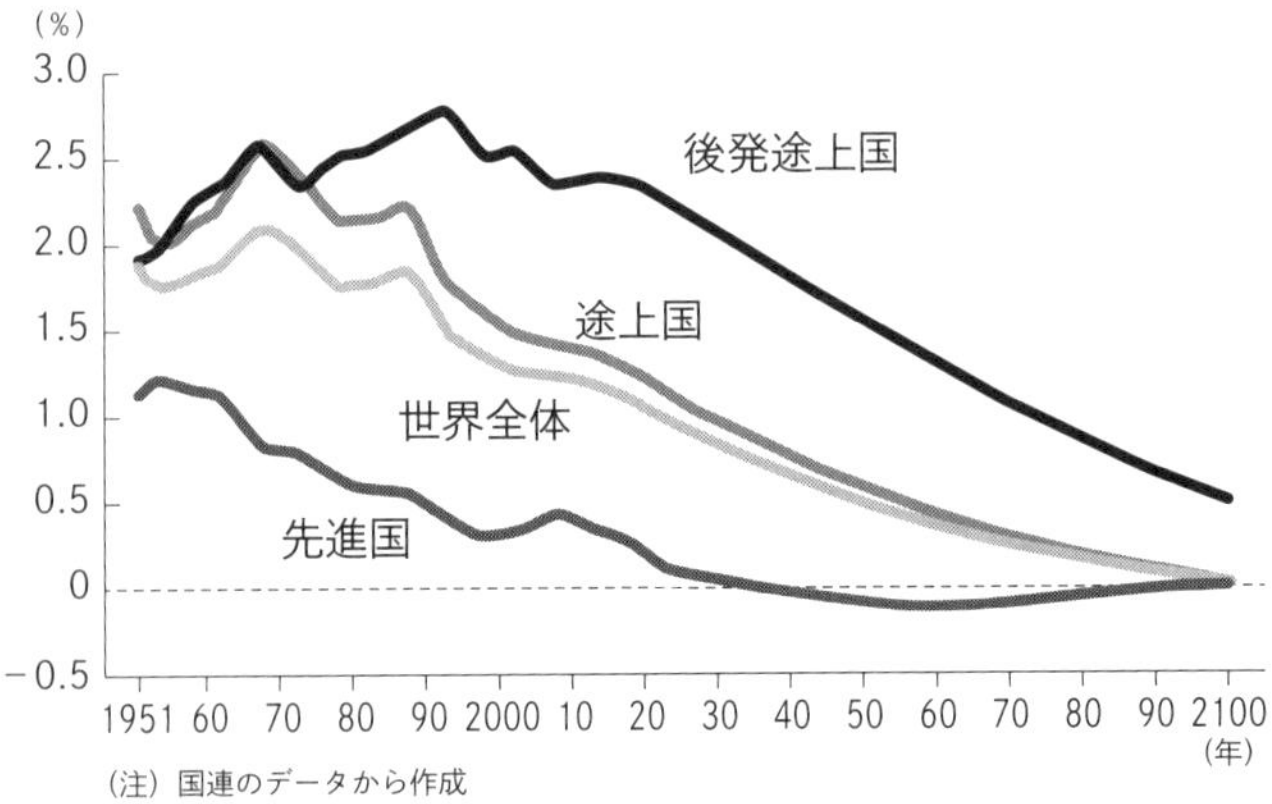


(注) 国連のデータから作成

かった食糧生産を飛躍的に伸ばした。医療水準の向上や上下水道の普及なども死亡率を下げ、英国の乳幼児死亡率は1880〜1910年の30年間でほぼ半減したといわれる。

米ワシントン大によると人類は2064年に97億人でピークを迎え、もはや人類が増えることはない。人口が減り始める理由は、世界で予想以上に進む少子化だ。

女性1人が生涯に産む子どもの数を示す合計特殊出生率は、発展途上地域で1950年代前半の6から2010年代後半に2・6まで急減した。女性の教育と社会進出が進んだのが要因とされ、多産を望む若者が減った。

少子化は一人ひとりの人生の選択が積み重なった結果で、押し戻すのに成功した国はほぼない。人口増加率は1960年代後半の2・09%をピークに、すでに約1%まで落ち込んでいる。

## 2 労働輸出国の若者が減り始めた

ベトナムの履物メーカー、テクワン・ビナ・インダストリアルの採用担当者は2021年5月、本社から300キロメートル以上離れた中部の村で労働者を探し回っていた。少数民族の住民に、食事や宿泊場所の提供を持ちかけるが採用枠は埋まらない。

日本に技能実習生を送り出す人材会社の男性も「数年前なら募集定員の3倍は集まったが、最近は2倍がやっと」と嘆く。「5年以内に出稼ぎは減り始めるかもしれない」

農村から都市に労働者が移動し、低賃金で経済発展を支える。やがて賃金上昇と労働力減少で成長が止まる――。英国の経済学者、アーサー・ルイスが提唱した「ルイスの転換

ハノイ郊外の求人広告。地方で工業団地の建設が相次ぎ、都市部で採用が難しくなってきた（2021年5月）

点」と呼ばれる現象だ。

**移民が米欧の成長を下支えしてきた**

先進国では人口の増加が鈍った後も移民が成長の一端を担ってきた。国連によると、移民は２０２０年に２億８１００万人と20年前の１・６倍になった。米国では移民が１９９０年代のＩＴ（情報技術）革命を支えた。

新型コロナウイルスによる国境封鎖は、各国の外国人労働者への依存ぶりをあぶり出した。

「移民を締め出し主権を取り戻す」と20年末に欧州連合（ＥＵ）から離脱した英国。移民制限にコロナ禍が重な

## 労働者供給大国は若年人口が減り始めている

（2000年以降の移民の出身上位国とベトナムの15〜29歳人口）

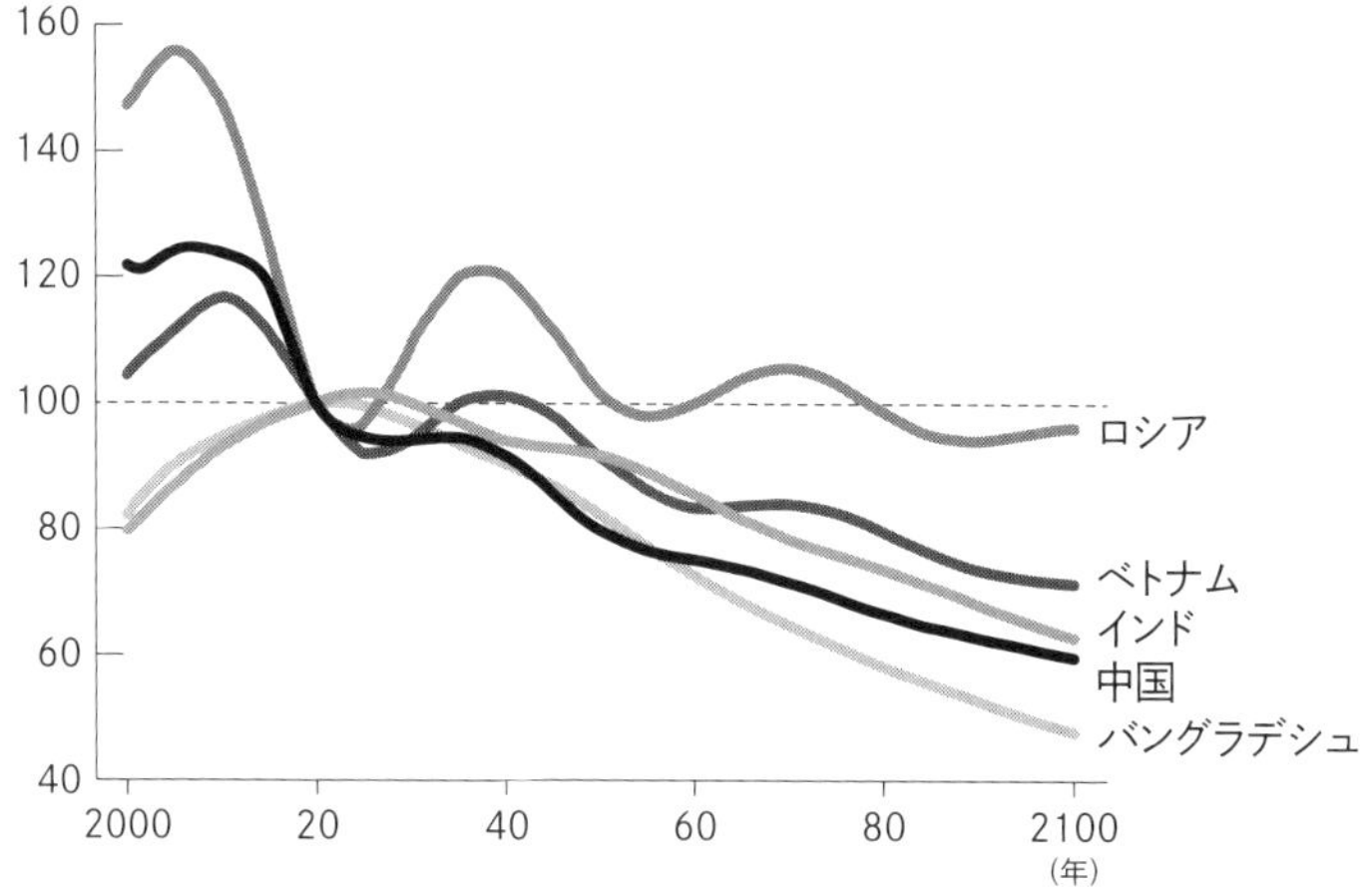


（注）2020年を100とした場合。国連データから作成

り、人手が不足した。コロナ禍前は大型トラック運転手の12％がＥＵ出身だったが、新基準では「熟練労働」と認められず国外から雇えない。英道路運送業協会によると、商業用大型トラック運転手は10万人以上不足する。

移民のいない光景は一時的な現象とは限らない。現在の送り出し上位国は若年人口が減少する。インドの15〜29歳人口は25年がピーク。中国も今後30年で約２割減る。

労働者確保に動き出した国もある。１９９０年代まで「移民国家ではない」と強調していたドイツは２０２０年、ＥＵ圏以外の労働者の受け入れを拡大。オーストラリアは19年、農業など人手不足の分野に一定期間従事するとの条件で、最長2年だったワーキングホリデーを同3年にした。

## 「今後30～40年は移民を巡る競争に」

国連は今後50年間で先進国の人口が2割近く減少する可能性があると推測する。米ワシントン大・保健指標評価研究所（ＩＨＭＥ）のクリストファー・マレー所長は「今後30～40年は移民を巡る競争になる」と予言する。

未踏の時代をどう生き抜くか。一つのカギは「選ばれる国」になることだ。移民政策が専門の山脇啓造明治大教授は「積極的な受け入れ政策をとるなら外国人労働者が定着・永住できる選択肢を広げることが重要」と訴える。

ただ、移民・難民の増加はあつれきも生む。シリア難民を積極的に受け入れたスウェーデンでは、受け入れ凍結と「スウェーデン人最優先」を訴える極右政党が18年の議会選挙で台頭した。

人口減時代が本格的に訪れれば、もはや移民に頼り続けるのは難しい。当面は外国人労働者をひき付ける工夫をしつつ、長期的に経済全体の生産性をいかに底上げしていくか。

その巧拙が各国の経済の浮沈を左右する。

## 3 「出生率1・5」の落とし穴

「子どもがいなければもっと自由に生きられる」

韓国の大手エンターテインメント企業の女性管理職（41）は結婚時、夫と話し合い子どもを持たないと決めた。

子どもは好きだが、教育費は増すばかり。あるソウルの有名学習塾の費用は月500万ウォン（約50万円）。不動産の高騰や厳しい雇用環境も子育ての足かせとなる。周りには結婚すらしない人も多く、小学校教諭の姉も「非婚宣言」した。

韓国は2020年の出生数が過去最少の27万2400人。女性1人が生涯に産む子どもの推定数（合計特殊出生率）は0・84で世界最低水準だ。

超少子化に陥る分水嶺とされる出生率1・5を長く下回った後に回復した国はほぼな

い。子どもが少ないのが当たり前の社会になり、脱少子化が困難な「低出生率のわな」に陥る。1・33の日本も直面する現実だ。

**出生率は1.5が新たな「壁」に**

（合計特殊出生率）

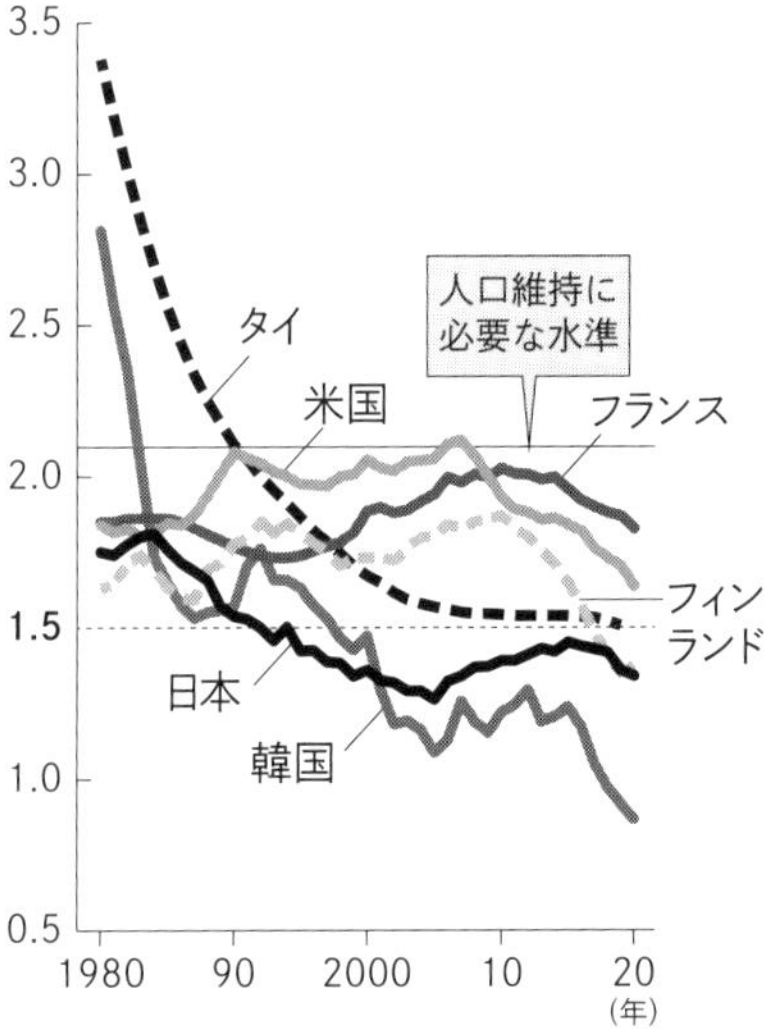


（出所）世界銀行、各国統計

## 女性の社会進出と育児負担

なぜ少子化が進むのか。人口学者が指摘するのは、女性の教育と社会進出だ。男女格差が縮小するのは社会にとって大きな前進だが、女性にばかり育児の負担がかかる環境が変わらないと、働きながら望むように子どもを産み育てられない。

「フルタイムで働きながら子育てなんて考えただけで疲れる」

バンコクの女性大学院生（35）は嘆く。タイの20年の出生率は1・5で低出生率のわなの瀬戸際に立つ。

タイ女性の大学進学率は58％で男性の41％を上回る。英ＨＳＢＣによると、大部分の国民が高等教育を受ける国で高出生率の国は一つもない。だが女性の教育を後戻りさせるわけにはいかない。

福祉国家フィンランドも出生率が10年の１・87から急減し、20年は１・37。子育て支援が手厚いはずの同国の急降下は大きな謎とされる。非政府組織（ＮＧＯ）の人口問題連盟の調査ディレクター、ベンラ・ベリ氏は「女性は男性にもっと平等に家庭に参加してほしいと考えている」と指摘する。

## 少子化克服は「百年の計」

ヒントはどこにあるのか。少子化対策の優等生といわれてきたフランス。ここ数年は出生率が下がりつつあるが、それでも１・８台を維持する。子育て支援などの家族関係社会支出は国内総生産（ＧＤＰ）比で２・９％と日本の約２倍だ。

きっかけは１８７０年の普仏戦争だ。直前まで欧州で人口最大だった仏がドイツに逆転され、敗戦も喫した。仏が少子化対策を「国家百年の計」とした背景には、この苦い記憶がある。仏は家族のあり方も大きく変え、１９９９年に事実婚制度ＰＡＣＳを導入した。

２０１９年に仏で生まれた子の６割が婚外子だ。

儒教思想が根強い韓国でも21年４月、家族の定義を見直す方針を打ち出した。婚姻や血縁などによる家族の定義を民法から削除し、事実婚カップルらも家族と認める。制度を変えても社会に根付くには時間がかかるため、発想の転換を急ぐ。

「産めよ殖やせよ」と声高に叫ぶ時代ではない。それでも安心して子育てができる社会をつくるには一定の出生率の維持が欠かせない。

社会全体の生産性を上げなければ経済や社会保障は縮小し、少子化が一段と加速する悪循環に陥りかねない。百年の計をいまこそスタートさせるときだ。

## 4 豊かになる前に進む高齢化

「団塊の世代」が75歳になり始め、年金や医療など社会保障給付の増加が続く日本。アジアでもベビーブーム世代が引退年齢に達し、高齢化が加速する局面が迫る。

### 中国・韓国は豊かになる前に高齢化が進む

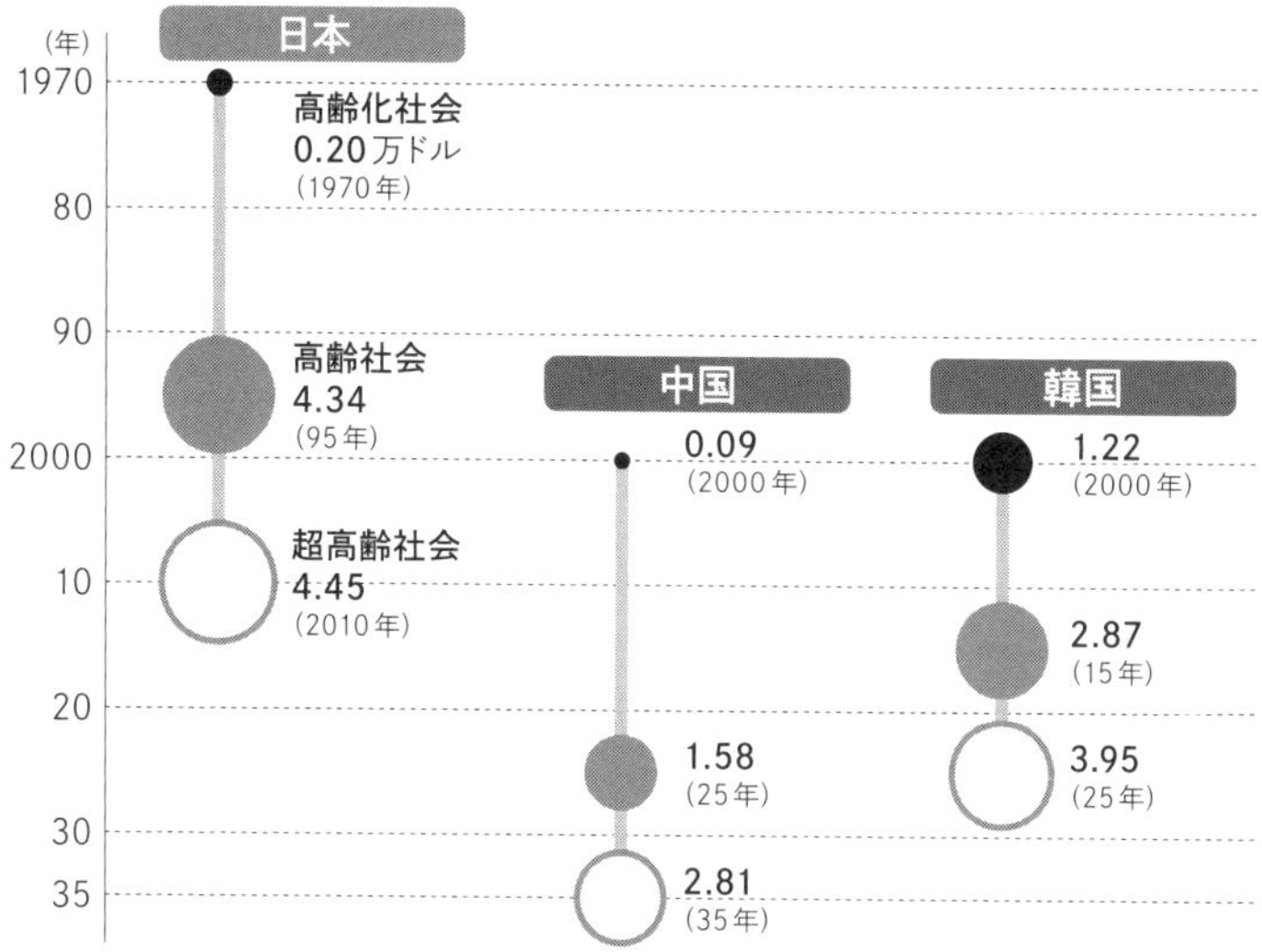


(注) ●は高齢化社会（高齢化率7％）、●は高齢社会（同14％）、○は超高齢社会（同21％）到達前後の1人あたり名目GDP。国連、世銀などデータから作成。20年からのGDPは日経センターの推計値

## 中国版・団塊の世代
## 2億人が退職目前

中国版・団塊の世代は2億人規模いる。1959〜61年の大飢饉《ききん》後の10年で生まれた世代で、定年を迎え始めた。豊かになる前に老いる社会。ここに大量退職の重荷がのしかかる。

「命苦（生きるのは苦しい）」。江蘇省の農村に住む陳さんは、レンガ造りの家を建てる職人だ。年金がなく、60歳になる今年も引退時期がみえない。父母の世話のために都会へ出ず、農村で働き続けてきた。

中国は働き盛りが出稼ぎで都市部に流れ、農村部は親族内で高齢者を支える力が弱まった。２００９年創設の年金制度も全員加入でなく、給付水準も現役世代の収入の１割程度の人が多い。都市部にも不安は多い。民間企業で働く人の年金水準は現役世代の５割に満たない。それでも日本政策投資銀行の分析では、社会保障制度への企業負担は賃金の20％を超え、日本（18％）や米国（８％）を上回る。

年齢に関係なく働く社会づくりはアジアでは進んでいない。

韓国は１９５５～63年生まれの約８００万人が引退期を迎えている。現在60歳の定年の延長が急務だが、議論は深まらない。就職難の若者から仕事を奪い、反発を招きかねないからだ。

台湾は退職年齢が平均56歳で、55～59歳の４割強が仕事をしていない。夫婦共働きでフルで働き、早めに引退する高齢者が孫の世話を引き受ける。こんな分業が経済を支えてきた歴史があるが、少子化が崩す。年金制度にあたる「労工保険」は今、26年に財政破綻の懸念さえ指摘される。

日本は１人あたり国内総生産（ＧＤＰ）が４・４万ドルを超えた状況で「超高齢社会」に入った。韓国は３・９万ドル、中国は２・８万ドルで到達する見通し。アジアは日本より弱い経済力で高齢化に向き合うことになる。

豊かになってから老いた先進国も安泰ではない。日本やカナダ、欧州諸国などは現役世代が引退世代の生活を支える世代間扶養が基本だ。少子化が進むなか、国民負担を増やさず年金を維持するには運用収益を高めるしかないが、人口減は経済の成長力を弱め、歴史的な金利の低下に拍車をかける悪循環を招く。

## 株高が隠す年金基金の危機

ノルウェー政府年金基金は20年の運用益が1兆クローネ（12・4兆円）を超え、2ケタの収益率を得た。異例の金融緩和政策が演出する株高に助けられ、年金の構造的な危機が覆い隠されている。

約50兆円を運用するカリフォルニア州職員退職年金基金（カルパース）は超低金利で債券運用の比率が低下し、堅実性も下がった。市場の変調にさらされたとき、危機が一気に噴き出す懸念が残る。これまで安定装置だった社会保障が今度は不安定化への引き金になりかねない皮肉だ。

人口減時代に社会保障を維持するには、労働生産性を引き上げて経済成長を続けるしかない。その改革に今から向き合う国・地域だけが「老後の安心」を確保できる。

## 5 人口減で国力の方程式が一変

国力＝（人口・領土＋経済力＋軍事力）×（戦略目的＋国家意思）

米中央情報局（ＣＩＡ）分析官だったレイ・クライン氏は１９７５年、国家が持つ力を算出する「国力方程式」を考案した。大国が人口増にこだわる理由がここにある。「実態に即して人口を公表すれば、中国は前代未聞の政治的な激震に直面するだろう」。米ウィスコンシン大の易富賢研究員は中国の人口統計の水増し疑惑を指摘する。

中国政府は２０２０年の人口を14・１億人と発表した。だが易氏によると実態は12・８億人ほどで「18年から人口減は始まった」と推定する。

## 人口増に固執する中国・ロシア

人口急減を認めれば産児制限の失敗があらわになる。当局は易氏の著書を発禁処分とし、疑惑に反論する。「中国の人口は増え続けており、欧米の合計より多い」(華春瑩外務省報道局長)

「戦争論」を著したクラウゼビッツは「全国民が勝敗の帰趨《きすう》を決定する」と説いた。産業革命で人口が急増した英国は、19世紀後半に5000万超の移民を世界に送り出したとされる。

20世紀に英国の人口増が鈍ると、ドイツやロシアの人口が膨張した。隣国との緊張が高まり、列強は世界大戦へとなだれ込んだ。英人口学者ポール・モーランド氏は「人口の脅威が各国を戦争へと駆り立てる」と指摘、ソ連崩壊も「人口減速が要因」とみる。

ロシアの人口は2100年に約2000万人減る。「人口減は国家存亡の危機だ」とみるプーチン大統領は、25年までに最大1000万人の移民を招く目標を掲げる。

ロシアの工業都市ノボシャフチンスクに、紛争が続くウクライナ東部の住民が乗る大型バスが続々と着いた。住民が移民局で受け取ったのは赤い表紙のロシアのパスポートだ。19年春に手続きを簡略化し、60万人超がロシア国籍を得た。

**民主主義の価値観を共有する**
**4カ国で中国を上回る**

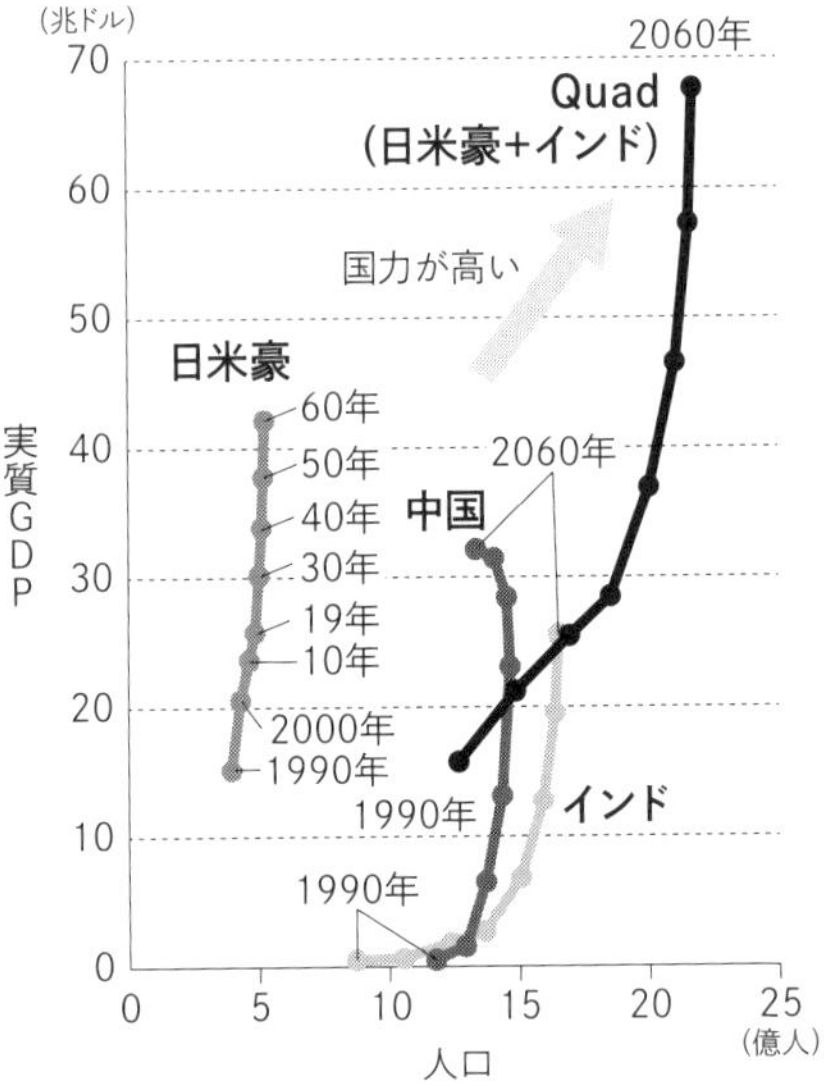


（注）国連、日本経済研究センターの2019年の推定を基に作成

## 国家の拡張戦略を見直すとき

中国の台頭をにらみ米国も数での対抗を模索する。日米豪は外交・安全保障を協議する「Quad（クアッド）」にインドを招いた。世界最大の民主主義国インドが加われば、中国を圧倒する。

しかし米国を含む多くの国で働き手世代の比率が減る人口オーナス（重荷）期に突入するなか、人口に頼る国家拡張戦略は転機を迎えている。

米国経済の成長力に陰りが出たことで、富の偏在が加速。足元で民主主義が揺らぐなかで、20年に及んだテロとの戦いを投げ出しアフガニスタン撤収を余儀なくされた。

中国も焦りを隠せない。習近平（シー・ジンピン）国家主席は21年8月17日の共産党中央財経委員会で「共同富裕（ともに豊かになる）」と強調した。生産年齢人口が減り成長力が低下すれば、社会の安定が崩れかねないとの危機感がある。

軍事力も兵員や軍備の物量頼みからサイバー戦での技術力など質の争いに移った。人口が経済・軍事に直結する量の時代は過ぎ、人口は少なくても豊かでスマートな質を競う時代に入りつつある。

民主主義や資本主義がシステムの優位性で東西冷戦を勝ち抜いたように、人口という量に頼らず豊かさを実現するシステムを構築できるか。新たな国家間の競争が始まる。

専門家に聞く

## 米中覇権どうなる？ 少子化対策は？ 人口減の未来

爆発的に膨れ上がってきた世界人口が減少局面を迎える。人口増を前提にした成長や経済、国力のあり方まで修正を迫り、各国政府も抜本的な政策見直しを求められる。今後40年余りでの人口のピークアウトを予測した米ワシントン大の研究者をはじめ、世界の専門家に今後の展望を聞いた。

## 23カ国、今世紀末に人口半減

クリストファー・マレー氏●米ワシントン大学保健指標評価研究所所長

――世界人口が2064年に97億人でピークを迎えるとの報告書をまとめています。

「出生率が急に下げ止まることはなく、必ず構造要因が背景にある。先進国を見ると、教育を受けキャリアのある女性の場合、1～1・5人の子どもを産むところまで下がっているようだ。出生率が低いといずれ、逆ピラミッド型の人口構造になる」

「そうなると公的医療保険など社会保障や税制、消費の形などあらゆるものに影響が波及する。多くの国が人口減の食い止めに苦戦していることからも分かるように、この流れは続き、今世紀末までに23カ国で人口が少なくとも半減するとみている」

――なぜ国連とは異なる人口推計を出したのですか。

「国連推計はもともと、出生率を左右する決定因子が考慮されていない。だから出生率がいずれ回復する想定になっている。1・8近くまで回復する中国をはじめ日本やシンガポール、韓国も立ち直ると見込んでいるが、アジアで回復の兆しを示す証拠は非常に少ないと考える」

――考慮すべき決定因子とは何でしょう。

「女性の教育年数と、避妊など医療サービスへのアクセスという因子だ。過去70年の世界の出生率の傾向の80～85％がこれらで説明でき、我々の推計はこの2つの決定因子に基づいている」

「今後世界ではより教育を受ける人が増える。中・高所得国では医療サービスも拡充される。結果として合計特殊出生率は世界全体では1・5近くで収れんし、いくつかの国々ではもっと低くなる。この水準にとどまれば数百年後に人類は消滅する」

――各国政府はどのような備えをすべきですか。

「まず仕事と育児を両立させやすくする努力が欠かせない。保育支援と両親の育休、雇用の保証などの政策をパッケージとして充実させる。もちろん、『女性への教育機会を促す流れを逆行させるべきだ』などと考えてしまうのは恐ろしいことだ」

「子どもを多く産んだ場合の税制優遇などもあるが、もっと大規模な財政支援が不可欠だ。技術の進展は生産性を上げ、人口減の負の影響を抑えることはできる。日本は人口が少なくとも半減する国の一つだが、労働者1人あたりの生産性が高く、今世紀末は（米国、中国、インドに次ぐ）第4の経済大国にとどまるだろう。だが出生率低下は根本からは止められない」

——移民の受け入れは有効な手段になりますか。

「今後の明確な選択肢だ。自ら進んで移住したいと思う人がいる限り、例えばオーストラリアやカナダ、通常なら米国も、移民を受け入れる国はたとえ出生率が低くても労働力を維持できる」

「ほとんどの移民はいずれ、サハラ以南のアフリカからやってくるようになるだろう。（反移民勢力が台頭する）現在の議論とは違い、今後30～40年は移民を巡る競争になるかもしれない。ただ今世紀終わりには移民でさえ確保が厳しくなる点に留意が必要だ。世界中で出生率が下がり、移住することに前のめりな国が減っていくとみている」

**Christopher Murray**
1962年生まれ。疾病によって失われた生命や生活の質を測る「世界疾病負荷研究」の第一人者。世界保健機関（ＷＨＯ）の保健政策のための情報事務担当局長などを経て、2007年から現職。

## 高齢化、米国より中国に打撃

**ポール・モーランド氏**●英人口学者

——著書で、人口膨張への脅威が各国を戦争に駆り立てたと強調していますね。

「国力は人口だけでは測れないが、測るうえで欠かせない要素だ。中国は経済成長の際に、もしあの巨大な人口がなければ大国にはなれなかっただろう。歴史をたどれば、人口に対する特定の国の認識が国際的な緊張を引き起こすこともあった」

「第1次世界大戦前、英国とフランスは、ドイツの巨大な産業と人口に神経質になっていた。ドイツは、急速に工業化し始めたロシアを脅威として注目していた。各国は成長するライバル国の人口に常に悩んできた歴史がある」

――米国と中国の人口構造は、両国の覇権争いに作用するのでしょうか。

「2040年時点でどちらが最大の経済大国かは分からない。確実に言えるのは、中国には人口構造上の問題がある点、その影響は米国よりも大きいという点だろう。米国でも高齢化は進んでいるが、より段階的だ。『巨大な磁石』でもある米国は今なお世界中の若者をひき付け、緩やかではあるものの人口増加を見通すことができる」

「実際に影響が出るには20年ほどかかるだろうが、中国は、経済的にも軍事的にも人口の制約を受けることになる。中国の生産年齢人口はすでにピークを迎え減少が始まっており、労働力の減少と高齢者の激増という2つの課題に直面する。とはいえ中国は生産性の低い農業部門の割合が大きく、今後の産業の構造転換で経済成長の余地がある点は見逃してはならない」

――新型コロナウイルス下で2020年、各国で出生率が下がりました。

「新型コロナ下かどうかにかかわらず、各国の出生率は下がってきた。ただ10年後に歴史を振り返ってみると、確かにコロナの影響で出生率の低下はみられるだろう。その後、若干の回復はみられるかもしれないが、一般的には米国からシンガポール、日本、ポルトガルに至るまで低下傾向が続くとみている」

「合計特殊出生率は、多くの国で人口置換水準を通り越して下がり続け、その後再び持ち直して1・3から1・8程度になる。1・8という数字は恐らく、ほとんどの先進国で期待できる最高の水準となるだろう」

――他方、サハラ以南のアフリカは今世紀に人口が最も増える地域です。

「このエリアの巨大な人口を経済発展につなげられるかが21世紀最大の問題だ。サハラ以南のアフリカでは今後も長い間人口が増え、人口ボーナス期を迎える。米国と中国の地政学上の衝突は今日の大きな課題だが、次はアフリカの人々が今後どうするかに移っていくだろう」

「見通しは現状では予測しにくい。例えばこの場所での人口が、どこの経済に吸収されるのか。サハラ以南のアフリカの成長著しい大都市に吸収されていくのか。それとも先進国に大量移住する状況になるのか。その場合、すでに大量の移民が政治的な緊張をも生んでいる欧州にどう影響するのか見通せない。人口統計学の分析はこうした問題のヒントとなるはずだ」

Paul Morland
1964年生まれ。大学で哲学や政治、経済などを学び、2013年にロンドン大専門研究員。21年からオックスフォード大学術研究員。著書に『人口で語る世界史』（19年）がある。

## 男性育休、さらにてこ入れ

**ベンラ・ベリ氏●フィンランド人口問題連盟調査ディレクター**

——フィンランドの出生率は10年で急低下しました。2020年は1・37です。

「明確な理由は分からないが、15～16年に景気が上向き始めた以降も、出生率の低下が続いたことだけは確か。文化自体に抜本的変化があったととらえるべきだろう」

「希望する人数より産む子どもが少ないケースが多い。また子どもを持つ意欲も下がっている。今は20代の4人に1人が子どもを持ちたくないと考えていて、パートナーがいても自身の生活を諦めたくないと思う人が多い」

——妊娠期から家族を支援する「ネウボラ」など公的な制度は整っていますね。

「1980年代の初めから、政府は低価格の保育制度や家族手当を充実させてきた。女性の就業率と出生率について、ともに高い水準で維持する狙いだったが、今はその通りにはいかなくなった」

「比較的若く高学歴の女性が、子育てとキャリアの両立に強い懸念を示している。公的な制度があっても彼女たちは両立が非常に難しい、あるいは不可能だと感じている。女性はもう耐えられなくなっており、少なくとも男性にもっと平等に家庭に参加してもらいたいと考えている」

——どのような対策が必要でしょうか。

「政府は現在、育休に関する法律を見直している。隣国のスウェーデンのようにもっと男女で平等にし、柔軟に育休日数などを融通できるようにする方針だ。出生率への影響は不明だが、出産へのハードルは下がるのではないか」

「人々が望む数の子どもを産めばフィンランドの出生率は1・6〜1・8まで上がる。それでも人口減だが、ペースは緩やかになり社会保障制度も持続できるだろう」

**Venla　Berg**
1981年生まれ。2014年から人口問題連盟で活動し、独立した立場から少子化対策への助言を続ける。生殖能力の啓発や家族計画を肯定的に考える支援なども手掛ける。

## 中国、2018年から減少

**易富賢**氏●米ウィスコンシン大研究員

――中国は2021年5月に第7次国勢調査を公表しました。

「前回、前々回の調査に輪をかけてひどいと思う。人口増が続いているとしているが、実態に即して公表すれば、前代未聞の政治的な激震に直面すると判断したのだろう」

「私は中国の総人口は18年から減少し始め、20年は12億8000万人ほどだったと考える。公式発表は14億1000万人なので、だいたい1億3000万人の『水増し』があるとみていい。またインドの人口はすでに中国を超えているはずだ」

――中国共産党は「1組の夫婦に3人目の出産を認める」との新方針を示しました。

「効果はほとんどないだろう。夫婦どちらかが一人っ子の場合に2人目の出産を認める政策、その後の2人目出産の全面的容認もいずれも失敗に終わっており、3人目容認の政策を打ち出したのは予想外で滑稽だ」

「中国ではもはや子は1人だけ産むという考えが当然になった。出生数は今後も減少が続き、合計特殊出生率を1・25で安定させることも難しくなるとみている。出生数が増えないなかで経済成長率は高められず、この先国内総生産（GDP）で米国を抜くことはあり得ない」

——今後、世界人口はどう推移するでしょうか。

「国連の世界人口推計の低位推計だと、世界の合計特殊出生率は20～25年の2・17から、95～2100年には1・47に低下するといわれる」

「けれども教育や健康水準の向上などに伴って出生率は下がるものだ。実際は20～25年の段階から国連推計を大きく下回るはずで、世界人口は50年より前に減少し始め、ピーク時の人口は85億人以下になると考えている」

**Yi Fuxian**
1969年生まれ。2013年から米ウィスコンシン大研究員。07年に中国の一人っ子政策を取り上げた『大国空巣』の初版を香港で出し、中国本土では禁書扱いとなった。

## 6 停滞とデフレ、「日本病」恐れる世界

「欧米は日本と同じ道をたどっている」。2021年4月、英議会上院の特別委員会に出席した白川方明前日銀総裁は訴えた。

### 欧米が恐れる「ジャパニフィケーション（日本化）」

欧米では積極的に金融緩和しても成長率が高まらず、新型コロナウイルス禍まで物価の伸びも鈍っていた。白川氏が日本の人口減少と高齢化について説明すると、議員から「ジャパニフィケーション（日本化）」を懸念する声があがった。

1960年代には10％を超す高度成長を遂げた日本。だが生産年齢人口が減少に転じた90年代後半は成長率が1％台半ばに鈍化し、低迷が続く。

人口減で忍び寄る停滞とデフレを、政策担当者は「日本化」と呼んで恐れる。欧州も2022年に人口が減り始める。欧州中央銀行（ECB）は23年の物価上昇率が目標の

**人口爆発が終われば物価低迷の懸念も**
(世界人口と米英の物価の変化)

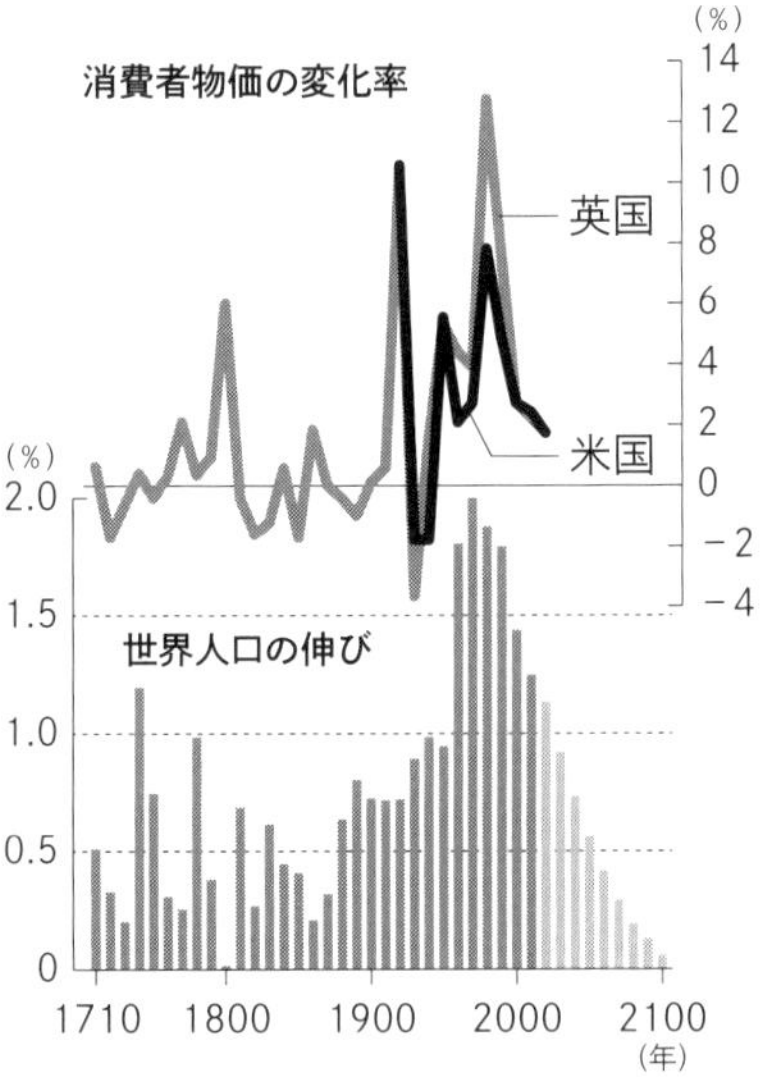


(注) 国連、オランダ環境評価庁、イングランド銀行、米労働省のデータから作成。いずれも10年ごとの年平均成長率

2%に遠く届かないとみる。オランダ金融大手INGの指数では、ユーロ圏は13年から日本化の兆候がみられるという。

過去200年の人口爆発は、人類史でまれな高成長とインフレの時代だった。18世紀の英国の物価上昇率は平均で1%程度でマイナスに陥るときもあったが、産業革命を経て第2次世界大戦後には平均6%に高まった。

最も過熱感が強まったのは世界で年2%人口が増えた1970年代前半。経済成長率は平均4%台を記録し、インフレ率は年10%だった。先進国が社会保障制度を相次ぎ拡充した「福祉の黄金時代」もこのころだ。

だが高成長・高インフレを前提にした社会システムに亀裂が走る。世界人口の伸びは

1％に減速、成長率やインフレ率はともに2％台に鈍化した。金利低下は歴史的水準となり、年金制度の維持に暗雲がたれこめる。

移民や高出生率を背景に人口を増やしてきた米国でも高齢化がひたひたと進行する。「生産年齢人口の伸びが鈍化すると雇用や国内総生産（GDP）も減速する」

米調査機関グローバル・エージング・インスティチュートは米国経済の高齢化リスクに警鐘を鳴らす。

世界の成長センターを担い「アジアの奇跡」と呼ばれた東南アジアも瀬戸際に立つ。かつて6を超えたタイの合計特殊出生率は、いまや1・51と日本並み。19年には生産年齢人口が減少に転じ、成長率は2％台半ばと同7・5％だった70年代の3分の1だ。

## 低金利政策の効果は鈍くなる

国際通貨基金（IMF）は20年の報告書「シュリンコノミクス（人口減少の経済学）」で、人口が減る日本を例に「金融政策の効果は鈍くなる」と指摘した。金利を引き下げても企業の期待成長率が低迷したままでは設備投資は増えない。

公共投資を積み増しても使われなければ政府債務が膨らむだけだ。「景気刺激策を続け

ても人口減少の影響は恐らく穴埋めできない」(欧州政策研究センターのダニエル・グロー氏)

かつての成長神話は通用しない。日本病の克服には、縮む需要を喚起する成長分野への投資が欠かせない。デジタルトランスフォーメーション(DX)や働き手のリスキリング(学び直し)で生産性を高め、高齢化など人類共通の課題を解決するイノベーションも求められる。従来型の経済政策を大胆に見直すことが必要だ。

## 7 「生産性」が国の未来を決める

人口63万人の欧州の小国ルクセンブルク。かつては農業国だったが、金融など知識集約型産業を育て、1人あたり生産性は常に世界1~2位を争うようになった。その「優等生」に今、異変が起きている。

## ルクセンブルク、「優等生」が暗転

２０１５～19年の年平均実質労働生産性の伸び率はマイナス０・５％。経済協力開発機構（ＯＥＣＤ）加盟国で最下位に沈んだ。背景にあるのはスキルギャップだ。金融などでデジタル化が進むが、対応できる専門人材の育成が遅れた。

１９９０年代に年平均５％近かった成長率は、２０１０年代に同３％強に落ちた。危機感を高めたルクセンブルクは18年以降、リスキリング（学び直し）を軸とする生産性改革に着手した。

経済成長を生み出すのは労働力と資本投入、生産性の３要素だ。１つが欠けても、成長のハードルは上がる。ルクセンブルクの人口は外国人労働者の増加などで、過去20年で４割以上増えたが、出生率は１・37と欧州でも下位だ。生産性の低迷が続けば、やがて人口流出が始まり、成長率をさらに下げる悪循環に陥りかねない。

人口減少が始まれば、絶えざる技術革新で生産性を高め続ける努力が一層、重要になる。

「より質が高く効率的な発展を実現する」。21年３月、新５カ年計画を発表した中国の李

**人口減の日本は、生産性の飛躍的向上が欠かせない**
（主要国の経済成長の要因分解）

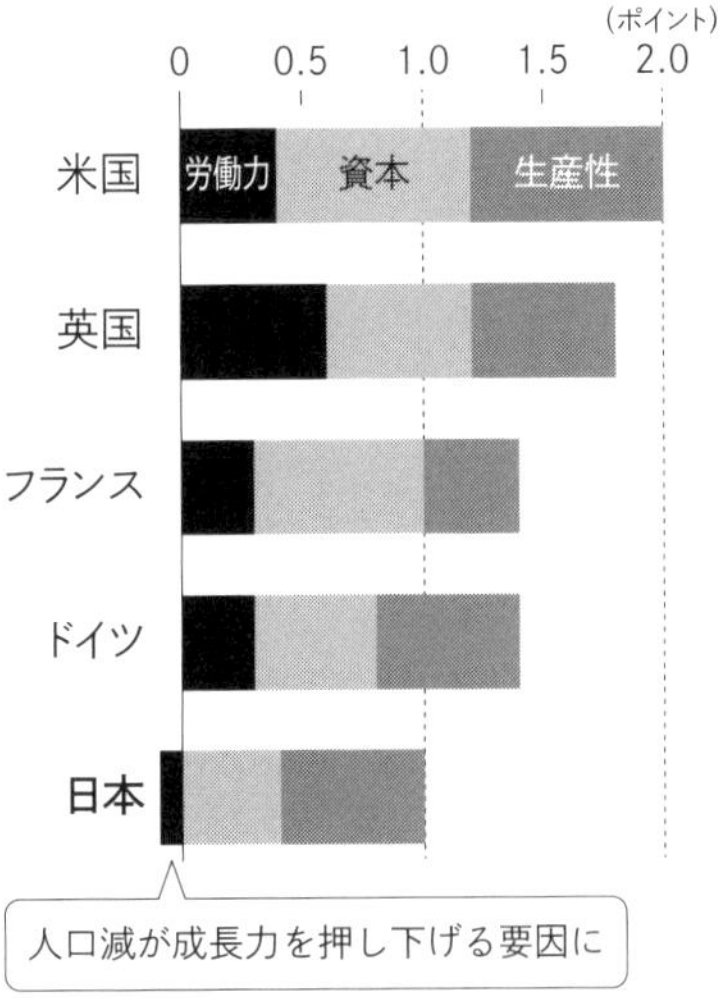


（注）2000〜18年平均（出所）OECD

克強（リー・クォーチャン）首相は訴えた。人口を成長の源泉としてきた中国が宗旨変えした。少子高齢化が進むなか、新計画では金看板の5カ年の成長率目標が消え、代わりに「成長率を上回る労働生産性の伸び率」を盛り込んだ。工場の無人化など、人口増に依存しない新たな成長モデルを探る。

生産性の向上に先端技術は不可欠だが、今ある雇用を失わせる副作用もある。ジレンマを乗り越え、大胆に変化できる国が、人口減少社会で先頭を走れる。カギは人とテクノロジーの共創。生産年齢人口が30年まで年50万人超減り続ける日本にヒントがある。

## 人口減時代だからこそ、イノベーションが不可欠

ソニーグループと川崎重工業が23年夏に実用化する遠隔操作のロボットシステム事業。自宅など遠隔地からロボットを操作できるようにする。まずは工場の生産ラインで導入し、将来は医療・介護などヘルスケアにも広げる。労働市場から一度離れたシニアや主婦、障害者も活躍できる。

ロボットは雇用を奪うのではなく、人と共存し、可能性を広げる。共同出資会社の社長に就くソニーの田中宏和氏は「遠隔操作に対応した新しい職種も生まれる」と語る。

時代遅れの規制や慣習は足かせになる。介護付き老人ホームで入所者3人に職員1人を配置するなど人数が焦点の規制も、ロボットとの共創社会では見直しが求められる。遠隔診療でも対面重視の考え方が根強い。

経済学者のシュンペーターは、成長の本質は人口増など与件の変化でなく、経済活動内部で起こる革新であると説いた。人口減時代には眠れる人材を生かし、古びた規制の大胆な改革が欠かせない。必要なのは、人口が増え続けることを前提にした「常識」を崩し、人口減に合わせて社会をデザインし直す覚悟だ。

専門家に聞く

# 迫る人口減の世界

## 次の文明社会、世界が模索

鬼頭宏氏●前静岡県立大学長

——近い将来、人類の爆発的な膨張が終わり、世界人口は初めて下り坂に入ります。私たちは新たな繁栄の方程式を探らなければなりません。

「人口衰退期は今までの社会を支えた仕組みが限界に達したことを意味する。次の文明社会をデザインして乗り切るか、失敗し没落するかの分かれ目だ」

「歴史上、狩猟から農業に社会が移行したとき、世界人口は増えた。産業革命で生産量が飛躍的に拡大したときも人口増となった。次の文明システムに移行すると人口増加が始まるが、資源や環境の制約に直面したままでは増えない」

——次の文明に移行できるでしょうか。

「やり方を間違えれば衰退を招く。今後エネルギーのあり方がより重要になるだろう。農業社会は家畜や水車、帆船などを活用してきた。工業化社会は化石燃料が豊かさの原動力になった。これからは再生可能エネルギーや脱炭素をどう実現していくかが問われる。新しいエネルギー源を確立し、社会をどう組み立てるかが焦点になる」

——経済のあり方も間違いなく問われます。

「1972年、ローマクラブは人口爆発や資源の枯渇に警鐘を鳴らした。同じ時期、物理学者のデニス・ガボールは経済の量的な拡大に限界があると訴えた。ただ当時の議論は、物質に代わる豊かさは何なのかという定義はなかった」

「国連は今、SDGs（持続可能な開発目標）を掲げ、経済的豊かさだけでなく、インフラや教育を充実させ人々の満足度を高めていかないといけないという概念を打ち出す。すぐには新しい社会に移行できない。だが次の文明は何か世界中が模索している」

**きとう・ひろし**
慶大院博士課程単位取得退学。日本の歴史人口学研究の第一人者。2015年から6年、静岡県立大学長。

## 出生率、価値観変化で低下

ダリル・ブリッカー氏●仏イプソスグローバルCEO

――世界人口は2050年ごろにピークに迎えると予測しています。

「国連推計は楽観的で、特にインドと中国の人口の推移を甘く見積もりすぎている。私たちの調査会社は、実際には国連の想定より速いスピードで出生率が低下しているとみている」

「ナイジェリアなど出生率が高いアフリカ諸国も、都市化が進み10年ほどで出生率が低下した。一定の時間はかかるが、先進国と同様に人口は減少に転じるだろう。他方、教育や医療体制は人口増に追いついていない。インフラを整え、貧困を解決できるかどうかが発展を左右する」

――中国は産児制限の緩和に動いています。

「制限をなくしただけで出生率が戻るわけではない。中国には長年の一人っ子政策で小さな家族を当たり前とする社会ができあがった。北欧を含め先進国も状況は好転していない。背景には家族の小規模化という文化・価値観の変化があり、一度下がった出生率を戻すのは難しい」

――経済への影響は。

「環境負荷は改善しても、成長や富の創出など人口増が支えてきたあらゆる事柄にマイナスの圧力がかかる。企業の行動も変わる。年齢層が高くなり、より多くの高齢者を考慮に入れなければならなくなる」

――日本が優先して取り組むべきことは。

「定年引き上げで長く働けるようにすること。次に移民政策だ。カナダは移民を成長の原動力にし、人口維持に必要な人材を受け入れた。日本でいえば毎年125万人がやってくるイメージ。もちろん文化の融合は日本に限らず多くの国にとって高い壁だが、世界での競争の中、日本からは本気度が見えない」

Darrell Bricker
カールトン大博士課程修了。カナダ首相府などを経て2005年現職。イプソスは仏大手調査会社。

## 急激な減少、社会にひずみ

**阿藤誠**氏●国立社会保障・人口問題研究所名誉所長

――世界人口の将来をどうみていますか。

「21世紀中に世界の人口増は終わるという認識を多くの研究者が持っている。一般の人々の間では、世界の人口爆発がまだ続いていると考えている人も多いが、女性が教育を受け、労働参加と家族計画が進むなかで、多くの国の出生率は人口を維持できる置換水準を下回っていくと考える」

「人類がこれまで経験してきた人口減はペストの流行など死亡増が要因。出生率の低下で人口が減るというのは初の経験だ。少子高齢化と人口減で日本は世界の先頭走者だ。多くの国が今の日本の経験を後追いするだろう」

――人口減にどう対応すべきでしょうか。

「労働力が減り個人消費も減る。需要も供給も落ち込む。これが普通のシナリオだ。人口減を補うものもある。供給面では女性と高齢者の労働参加、ロボットなどの技術革新、需要面では途上地域の発展に伴うグローバル市場の拡大などがある。ただ人口と経済の関係は単純ではない」

「社会にとって問題なのは急激な人口の増減だ。欧州のように緩やかな変化ならば社会の対応は容易だが、短い年数では社会にひずみをもたらす。今の日本はその状態だ。中国や東アジア各国も同じだ」

――新型コロナウイルス禍の人口への影響は。

「欧米では死亡率が上昇し出生率は低下した。移民も縮小した。短期的にはこのトリプルパンチで欧州全域で人口減が起こるかもしれない。地球温暖化やグローバリゼーションに伴いウイルスの脅威が増大する可能性もある。感染症はこれからの世界人口の動向における新たなリスクファクターになりうる」

**あとう・まこと**　ミシガン大博士（社会学）。国立社会保障・人口問題研究所所長、早大特任教授などを歴任した。

## 女性の選択尊重、なお課題

**佐藤摩利子**氏●国連人口基金駐日事務所長

――国連など国際機関が懸念してきた人口爆発は回避されつつあります。

「確かに合計特殊出生率を世界各国で平均すれば昔より低下した。だが出生率が1前後で少子化に悩む国もあれば、開発が進まず、いまだ5を上回る国もある。国のばらつきが大きく、課題も多様化している。それを理解しなければ表面的な議論になる」

「人口は人々の選択の結果。政治や経済が決めるべきではない。子どもを産みたいのに産めない女性がいる社会、産みたくないのに産む女性がいる社会、いずれもあってはならない。その意味で、人口問題を解決した国は一つもない」

――人口問題の観点から新型コロナウイルスをどうみますか。

「コロナは格差や貧困の問題をあぶり出した。日本では自殺に追い込まれる女性が増えた。弱い立場で働く女性が失業したり、社会的な孤立に追い込まれたりしたのが要因だ」

「女性に対する暴力も各国で問題になった。ロックダウンの影響で加害者がずっと家にいることで問題は深刻化した。我々は支援国で、相談窓口の連絡先を書いた『SOSカード』を女性向け支援物資に忍び込ませるなど対応している」

――世界全体の高齢化をどう認識していますか。

「高齢化は特に新興国では今までなかった新しい問題だ。高齢女性の貧困は深刻で、特に土地などの権利を男性しか持てない国の場合、より根深い課題となる。各国の政策当局者の日本への関心は高く、国民皆保険や介護保険などへの注目度は高い。知見の共有は日本にとって大事な役割だ。高齢者を差別するような社会にならないよう各国で取り組み強化が必要だ」

さとう・まりこ
米コロンビア大院修了。国連人間居住計画ジュネーブ事務所などを経て２０１７年から現職。

## 日本、人材開発の認識欠く

**ビル・エモット氏**●国際ジャーナリスト

――世界の人口減予測が相次いでいます。

「平均寿命や出生率を予測するのはとても難しい。国連が高・中・低と３つのモデルで示していること自体、不確実さを認めているようなものだ。ただ多くの国で出生率は予想より低く、人口のピーク到達は国連の中位推計よりも早いと考えるべきだろう」

――「国力」の尺度も変わりそうです。

「例えば中国は高齢化で今後の財政負担が増える。一方で、技術力を高めかなり強力な経済を維持できるかもしれない。豊かになる前に老いる。長年そういわれてきたが、実際はどんどん豊かになっている。すでに中国にとっては誇張された問題ともいえる。高齢化に伴うコストを自力で負担できれば、経済力は維持できるとも考えられる」

――少子化対策で日本が英国から学べることは何ですか。

「日本に欠ける点を挙げれば、男女ともに人材開発への認識だ。子どもを持つ女性のキャリア開発に対する企業の姿勢も同じ。非正規・短期などの契約労働は家庭を持つことへの不安材料になりやすい」

「この点への政策上のアプローチは有効だ。英国は1980年代から、女性のキャリアが出産や子育ての犠牲にならぬよう取り組んだ。キャリアをどう築くかという課題に日本よりも早く向き合ったといえる」

――各国は人口減に備えられるでしょうか。

「今後10年間のスパンで見れば、先進国で人口が減る国はドイツや日本などいくつかの国に限られる。高齢化の方が強く意識されるだろう。『人生100年時代』の中で、教育や訓練と組み合わせ柔軟な働き方が一層欠かせなくなる」

Bill Emmott
英オックスフォード大卒。
英エコノミスト誌東京支局長などを経て1993年から2006年、同誌編集長。

## 人口問題解決、事業が一役

**原口瑛子**氏●ビジネスレザーファクトリー社長

――人口増加が続くバングラデシュで革製品工場を運営しています。

「バングラデシュは日本の4割ほどの国土に、日本の約1・3倍にあたる1億6000万人以上が住む。首都ダッカの人口は2000万人超で世界で最も人口密度が高い。農村から都市への人口流入が続く。出稼ぎもあれば、夫の暴力から逃げてくる女性もいる」

――人口増は人々を豊かにするのでしょうか。

「武器になるが、うまく生かせていない現実がバングラデシュにはある。要因は教育と雇用。初等教育の就学率は90%を超えたが、学習の質になお課題が残る。大勢が仕事を求めて都市部に集まるが雇用機会が足りない。新型コロナで国内貧困率は約24%から40%になったといわれる」

「工場の前に女性たちが列をつくる。雇用を断られ、学歴も就労経験もない。『資本主義から取り残された人たち』だ。彼らの子どもたちも貧困に苦しむだろう。貧困の連鎖を断ち切るため、当社はシングルマザー、親がいない若年層、障害者だけを雇う。

工場に託児所をつくり、産婦人科の医師に訪問診療も依頼した」

――企業経営者が人口問題を解決できますか。

「政治の教育投資やインフラ整備は時間がかかる。援助活動では支援国と被支援国の力関係を変えられない。事業活動ならスピード感を持って、現地従業員と対等な関係で課題解決に立ち向かえると考える」

「日本で直営店を1店舗増やせば、工場で30~50人雇える。バングラデシュの直接雇用者数が最優先で、利益ではない。人口問題の現状は国・地域で違う。経営者が経営指標の優先度を見直せば、社会課題は解決に向かうはずだ」

**はらぐち・えいこ**
早大政経卒、英サセックス大学開発学研究所修了。国際協力機構を経て、2014年に事業開始。

特集

# 人口減少、変わる社会

本格的な人類減少の時代が迫ってきた。産業革命以来となる爆発的な人口の膨張は終わり、減少に転じるという予測がワシントン大などから出された。人口の伸びの鈍化は経済の低成長につながり、世界の勢力図を塗り替える。年金や公的保険などの社会保障、労働力を支える移民など、様々な変化を社会に与える可能性もある。

## 「働き手」の減少、途上国も

人口を巡り様々な予測が出されている。国連の中位推計シナリオでは2100年ごろを人口のピークとするが、このピークが早まるとの予測も目立つ。米ワシントン大は世界の人口は64年の97億人を境に減少局面に入ると予測する。

女性の社会進出の拡大と都市化の進展が、出生率の低下を加速させる。途上国でも女性に教育が浸透し社会での活躍が広がる。晩婚・未婚化が進むほか、育児の分担が男女で進まなければ出産の機会は減る。

農村では若者は貴重な労働力となるが、都市では若い労働力はそれほど必要とされない。むしろ、教育などにかかる費用はかさむ。

人口の減少は労働力の低下に直結する。少子高齢化が進展し、世界では15～64歳の働き手の数（生産年齢人口）が全人口よりも急ピッチで減少が進む。

１９８０年に世界の国・地域のうち生産年齢人口の伸びがマイナスだったのは全体の６％だった。２０２０年では中国やフランスなど約23％、60年にはメキシコ、インドなど過半の国が減少局面に入る。

世界人口の成長エンジンだったアジアの減少が顕著で、増加し続けるのはアフリカや移民の受け入れが盛んな北米など世界でも一部だ。働き手が減れば労働力と購買力が縮み、経済成長にも影を落としかねない。

## アジアで進む少子高齢化

２０００年代に入り、少ない働き手が多くの高齢者を支える「人口オーナス」期にある国が増え始めた。35年には働き手が人口比で多い「人口ボーナス期」にある国を逆転する見通し。

## 人口ボーナス／オーナスの国数

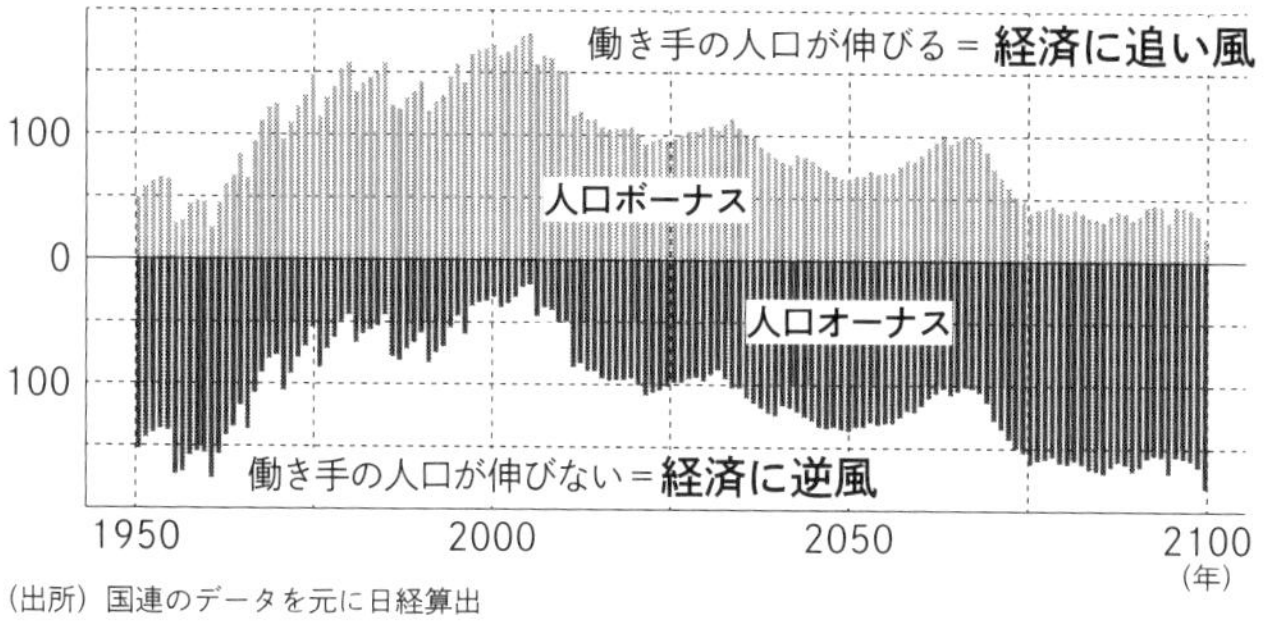


（出所）国連のデータを元に日経算出

## 国別の高齢化スピード

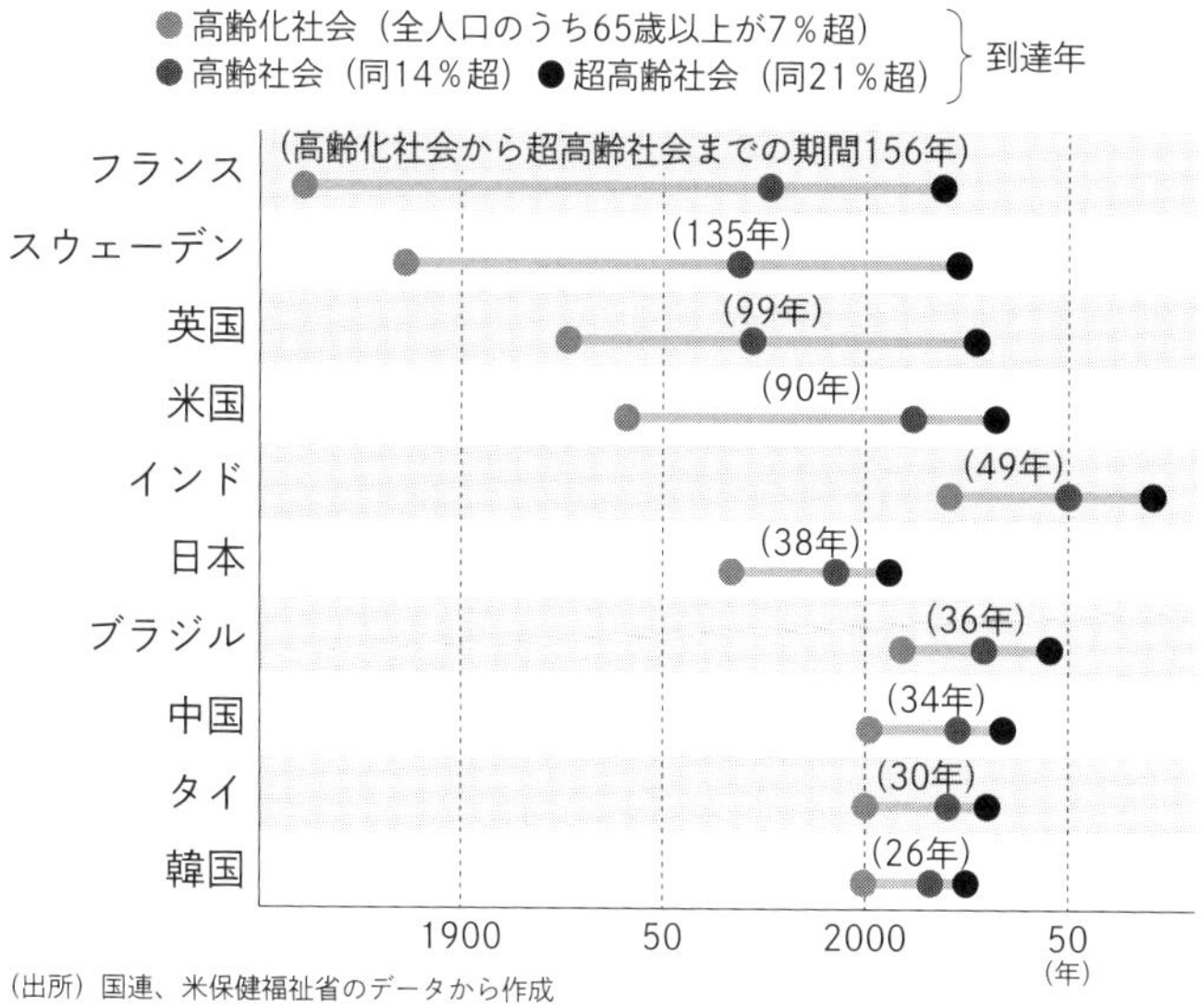


（出所）国連、米保健福祉省のデータから作成

出生減による少子高齢化が背景にあり、アジアで目立つ。中国は65歳以上の高齢者が10年間で6割増え、人口比率で13・5％に達した。21年にも国際的に「高齢社会」と定める同14％超に入ると予測される。

高齢化のスピードも速まっている。65歳以上が人口の7％超の「高齢化社会」から21％超の「超高齢社会」に進むまで、フランスは156年かかった。韓国（26年）やタイ（30年）は高齢化が速く、社会保障の負担増加への懸念が強まる。

## 人口急増はアフリカのみに

人口減で国別の人口ランキングも様変わりする。1950年と比べると、世界人口首位だった中国は、インドに2020年代後半には抜かれると予測される。ただ、人口増をけん引していたアジアも55年にはピークを迎える見通し。

台頭するのがアフリカ諸国だ。アフリカには20年には約13億人が生活し、世界人口の2割弱を占める。50年には4分の1に達すると予測される。70年時点の国別人口の世界3位はナイジェリアで、米国を上回る。

中国やインドも人口鈍化に直面し、アフリカは世界で唯一、人口爆発を当面継続す

## 世界人口の上位15カ国

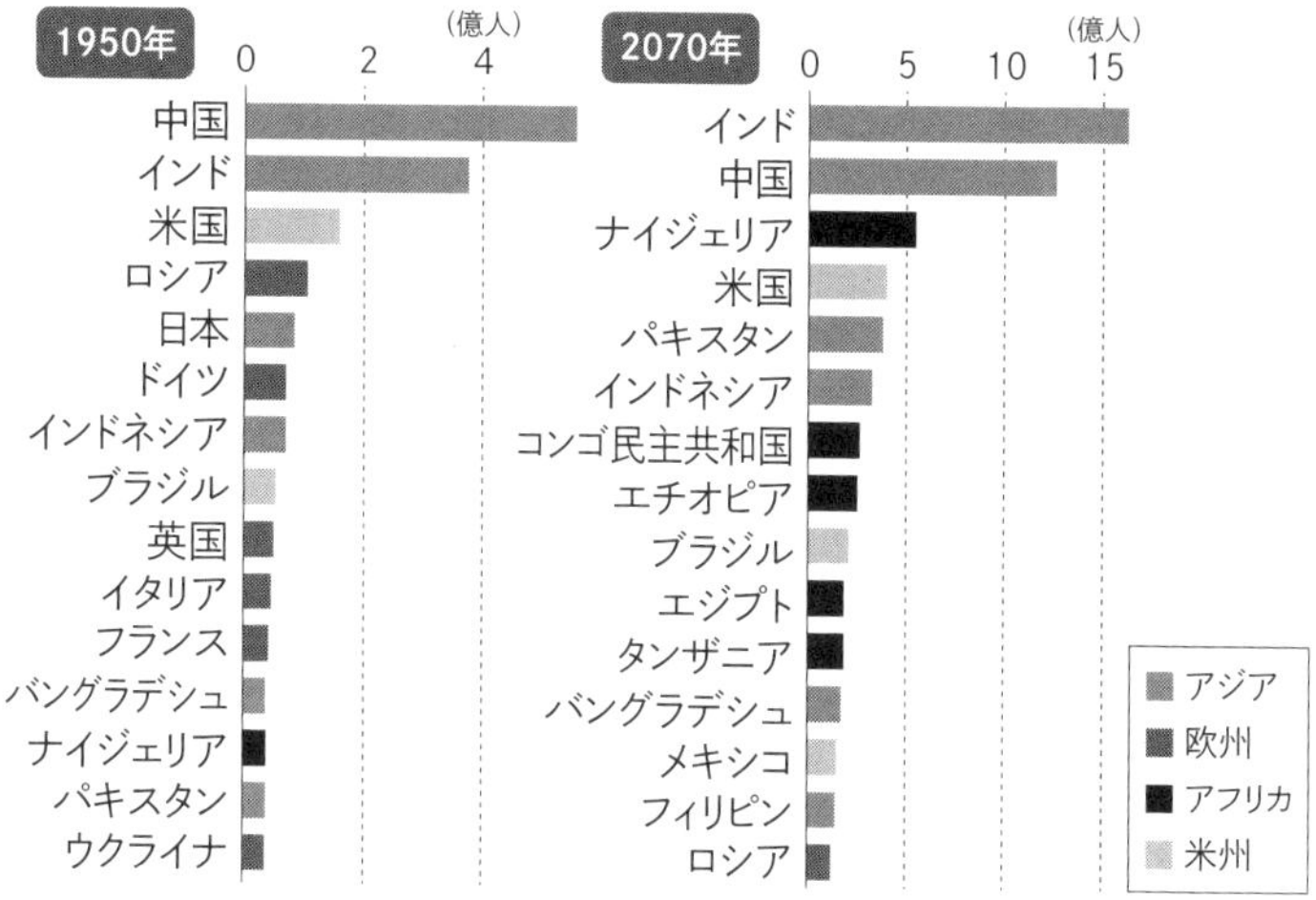


（出所）国連

## 出身地域別の移民数の推移

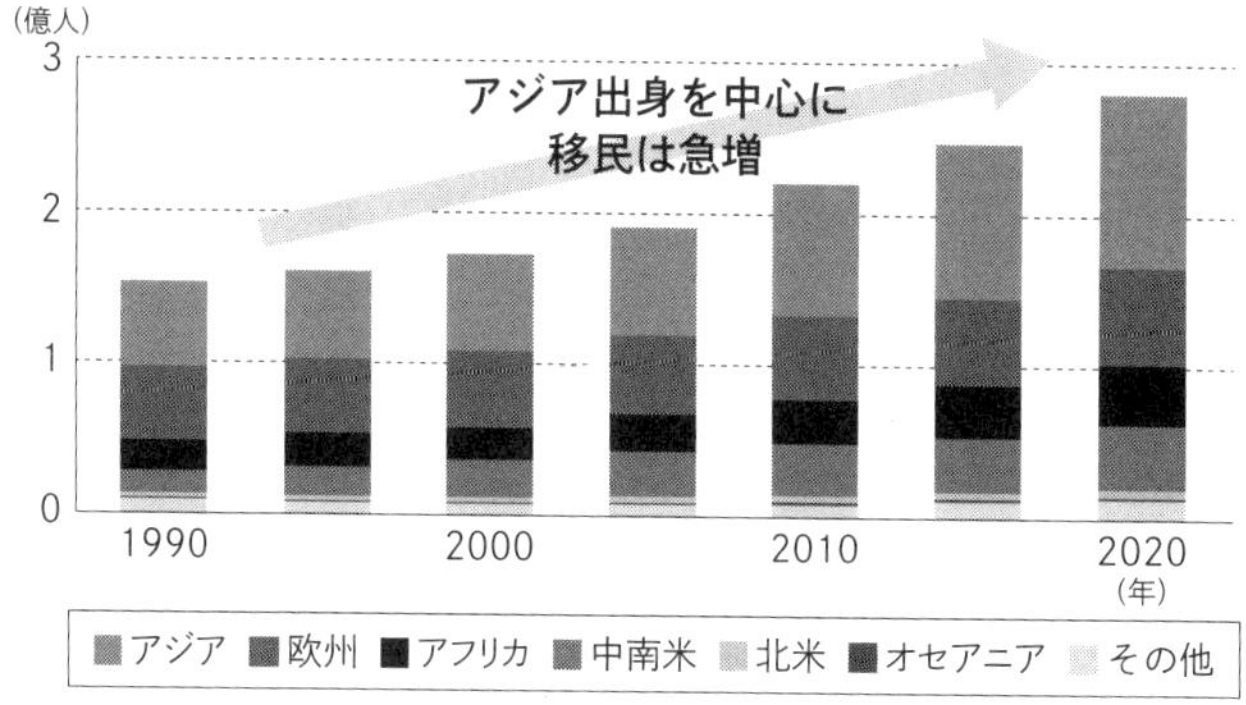


（出所）国連

る地域となる。世界経済の成長を支えてきたアジアの役割を、アフリカが代替できるかが注目される。

## 移民頼みの労働力確保、将来はままならず

ホモ・サピエンスはアフリカで生まれ、豊かさを求めて世界に広がった。「移ろう民」が人類の歴史に彩りを与えてきた。20世紀は「米国の世紀」といわれたが、隆盛を支えているのは移民だ。労働力だけでなく、イノベーション（革新）の揺り籠となった。

アジア出身者を中心に移民は急増してきたが、将来、減少に向かう可能性がある。現在の移民送り出し上位国は、若年人口が相次いで減少に転じる。15～29歳の人口はインドで2025年がピークとなり、中国も30年後には2割減る見通し。

人口減少時代、各国は労働力不足をどう補うかという課題に直面する。有効な手段は移民を働き手として受け入れることだ。

ただ、文化や宗教の違いを背景に、移民は国内にあつれきを生んできた。国のあり方を左右する移民政策を各国は問われることになる。

## 世界人口の予測シナリオ

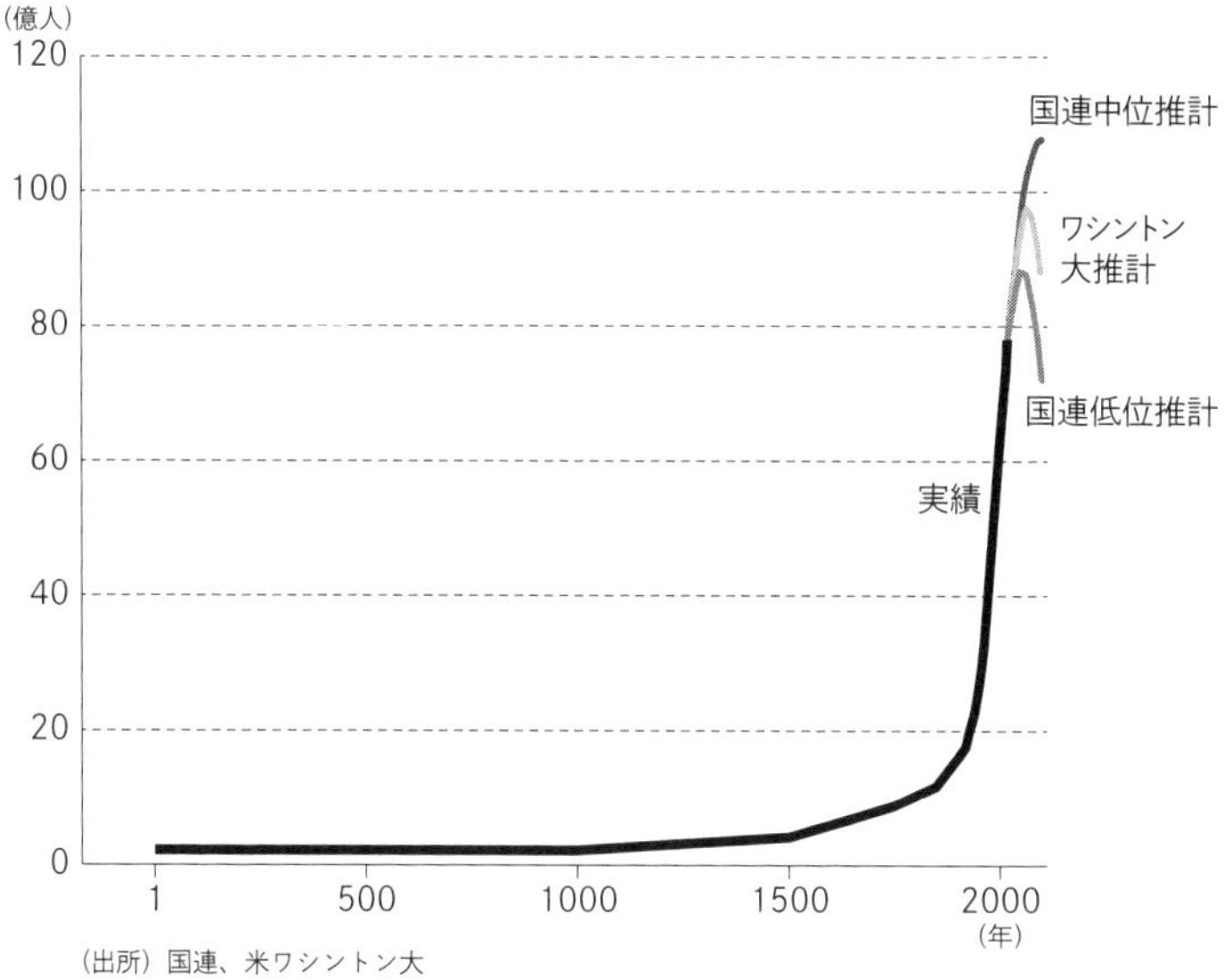


(出所) 国連、米ワシントン大

### 過去2000年の人口と予測シナリオ

西暦1年。人類の人口は3億人だった。1500年に5億人になるが、食料生産技術や衛生環境が発達途上だったため、飢饉や疫病などで死亡率が高く、人口の増加は抑えられていた。

産業革命が転機となって人口拡大に勢いがつき、1800年に人口は約10億人となった。医療や衛生環境の改善、科学技術の革新で人類の寿命は延び、爆発的に人口は膨らんでいく。ただ、人口は近い将来、出生率の低下で減少を迎える可能性がある。30万年とされる人類史にとって、「人口爆発」は夏の夜の花火のような刹那的な現象として終わるかもしれない。

2章

# 新常識の足音

# 1 「移民なき時代」へ人材争奪戦

## 競争はより激化する

ホモ・サピエンスが誕生の地アフリカから移住を始めた「出アフリカ」から約6万年。新天地を求める移民は増え続け、経済発展の礎になった。しかし少子高齢化で若者の人口は発展途上国でも近く先細りする。移民が来ない時代は間近に迫る。

世界で「移民」争奪戦の足音が聞こえ始めた。アラブ首長国連邦（UAE）が2021年3月に創設を発表したのは、外国企業にオンライン勤務する人が対象の「リモートワークビザ（査証）」。海外企業に雇用され月給3500ドル（約40万円）以上の人に1年間居住を認める。

UAE内の企業で働かなくても「稼ぐ人材」に滞在を許可する。エストニアなども同様のビザを創設した。経済協力開発機構（OECD）は「『デジタルノマド（遊牧民）』向けのビザで技術革新の中心になろうとする国が相次いでいる」と指摘する。

## 若者世代は世界でも希少になる
(各地域の全人口に占める15～29歳の割合)

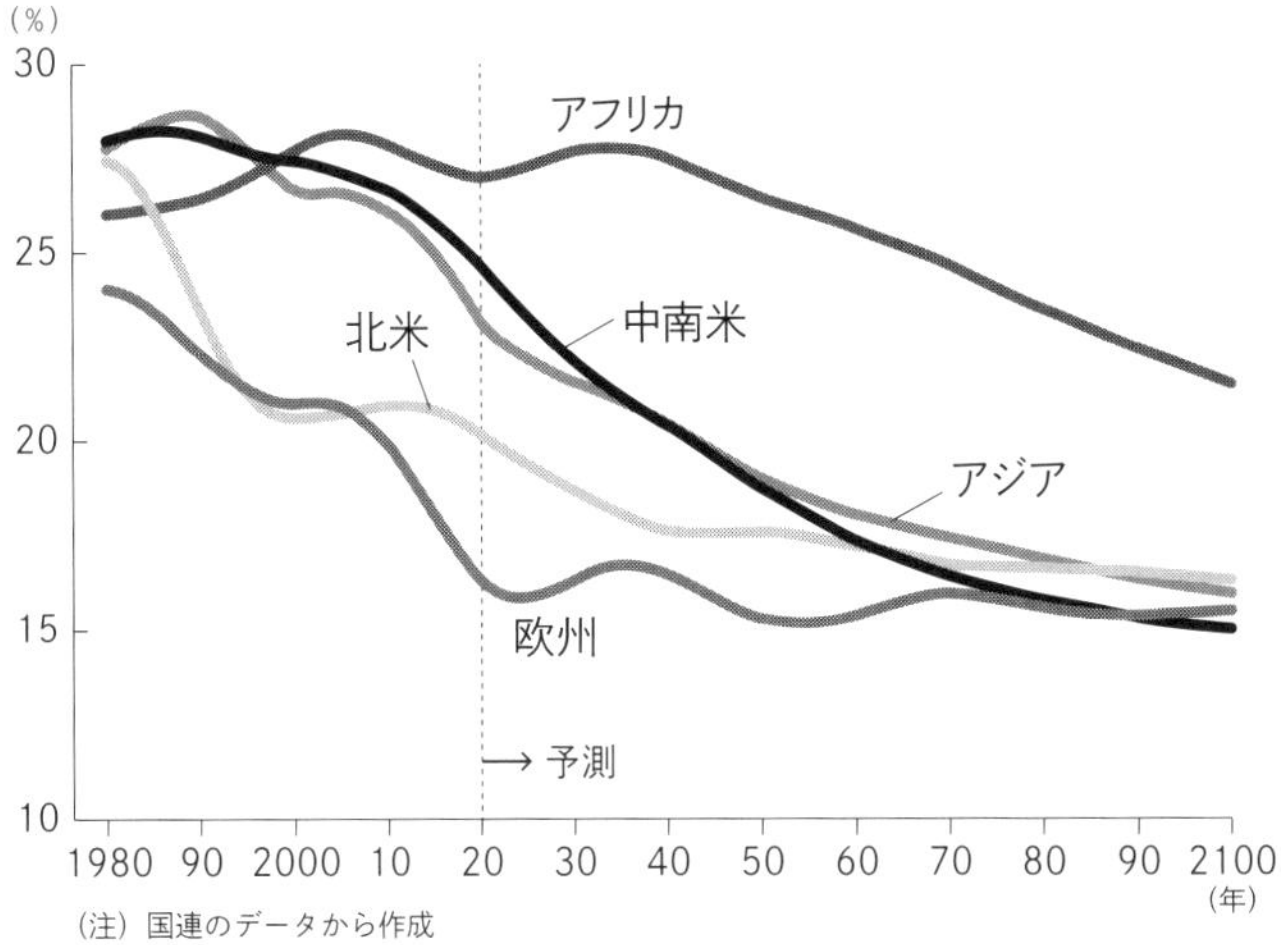


(注) 国連のデータから作成

### もはや低賃金では移民を雇えない

稼ぐ移民は国内で良い消費者となり経済を回す。将来は地元社会に根付いて国に貢献してもらえるかもしれない。移民＝低賃金労働者という発想はもはやない。

移民争奪はコロナ禍の一時的現象ではない。少子化が世界で加速し、20世紀に世界人口を4倍にした人口爆発は近く終わる。今世紀半ば以降にも人口は減り始めるとみられる。インドの15～29歳人口は2025年がピーク。中国も今後30年で約2割減り、働き手が世界で枯渇する。

母国の外で暮らす人は20年に2億

**先進国の人口増加は移民頼み**

（移民の有無で見た2020〜50年の人口増減率）

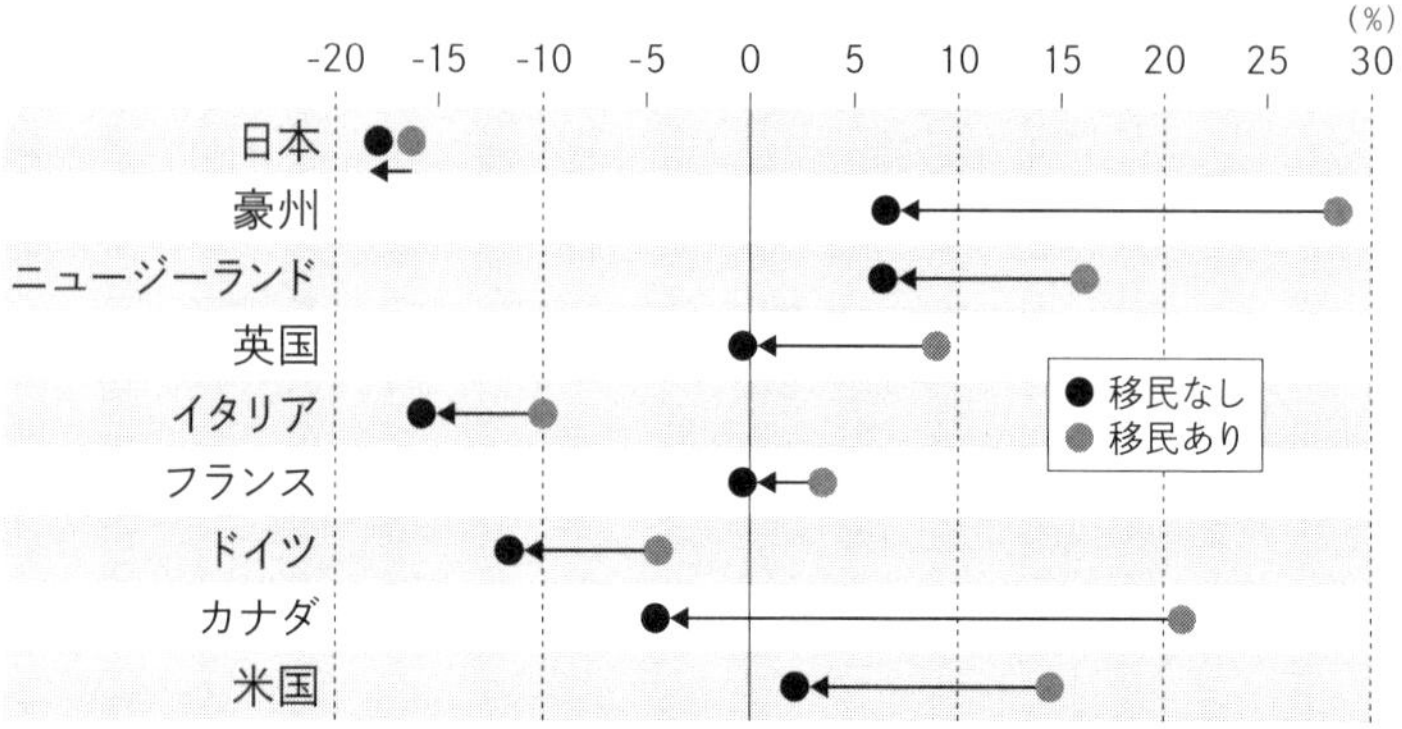


（出所）国連

８０００万人。多くが職を求め富める国へ移り住んだ。英国は50年に人口が９％増える予測だが、移民なしでは０・３％減。カナダも同21％増から４・４％減と、人口を維持できない。

コロナ禍による国境封鎖は移民が減る未来を先取りした。コロナ前は移民の純流入数が年間24万人だったオーストラリア。入国制限で人口増加率は０・１％と前年度の１・３％から急落した。

資源産業のほか看護師や介護士、調理師も人手不足だ。放置すれば移民は他国に流れかねない。コロナ禍でも技能移民の受け入れ再開を打ち出した。

安易な移民依存から脱却を図る国もある。移民が人口比3割弱のニュージーランド（NZ）。特産品のキウイは熟し具合から収穫時期を一つひとつ見極める必要があるが「作業を低賃金労働者に頼り機械化に足踏みしてきた」（NZ経済調査研究所のピーター・ウィルソン氏）。NZ労働者の時間あたり生産額はOECD平均を20％下回る。

NZ政府は21年5月、移民政策をゼロから見直す「移民リセット」を宣言。低賃金労働者の入国を制限し高スキル人材を重視する方針を打ち出した。

## リモートワーク浸透で、働く国の選択肢広がる

日本はどうか。外国人労働者は20年までの10年間で65万人から172万人に増えたが、全労働者の約2％にとどまる。

年間数千人が失踪する技能実習制度には人権侵害との批判も根強い。政府は在留資格「特定技能」について熟練者の長期就労や家族帯同が可能な分野を広げるものの、外国人から選ばれる国にならなければ労働者不足は補えない。

移民が来なくても、デジタル時代には国境を越えた働き方がある。

21年10月下旬の朝、インド在住のジャラク・チョウダリさん（22）は自宅でパソコンを開き、会社のシステムにログインした。名門インド工科大を卒業したばかりの彼女が働くのは日本のＩＴベンチャー「ディバータ」（東京・新宿）。「国境の壁を取り払わなければ今後は優秀な人材を獲得できない」（加藤健太社長）

ジャラクさんの周りには韓国サムスン電子や米アメリカン・エキスプレスに遠隔勤務する友人もいる。パソナグループはリモートで働く海外人材を日本企業に紹介するサービスを始めた。

「スキルがあればどの国で働くか選べるようになった」。国際政治学者のパラグ・カンナ氏は指摘する。「人口が減る国は市場が縮む。若者を獲得する国は革新的でダイナミックでいられる」

摩擦を乗り越えて多様な人材と共生し、成長を引き出す社会に変われるか。覚悟が問われる。

# 2 公的年金に限界、共助から自助へ

戦後の1950年、世界の平均寿命は男性45・4歳、女性48・4歳だった。2060年予測は男性76・2歳、女性80・6歳と30年余り延びる。長くなる老後を誰が支えるのか。世界の備えはあまりに心もとない。

**主要国で最も持続性が危ういイタリアの公的年金**

「年金天国」。高齢化率が23％超と日本に次いで高いイタリアで、その厚遇ぶりに拍車がかかっている。21年までに受給開始年齢を67歳に引き上げる予定だったが、コンテ前首相が棚上げした。19年4月に62歳からの支給を認めてしまった。

先進国は少子高齢化を背景に受給開始年齢の引き上げやシニアの就労期間延長へ踏み切った。米国やドイツは67歳、英国も68歳への引き上げを決めた。イタリアはこの流れに真っ向から逆らい、結果、公務員ら11万人以上が駆け込みで早期退職の道を選んだ。

イタリアではコンテ前首相時代に年金改革を棚上げしている（2019年、大阪市）

イタリアの公的年金の給付水準は、現役時の8割弱で日独の約2倍だ。確たる財源がないまま年齢引き下げまで認める大盤振る舞い。マーサージャパンの年金コンサルタント、須藤健次郎氏は「主要43カ国で最も持続性が危うい」とみる。

日本を含め先進国の公的年金は、現役世代が引退世代を支える世代間扶養の方式が主流だ。高い出生率に支えられ、若い世代の人数が多いうちは問題がなかった。

ところが少子化が加速し、高齢世代が多い逆ピラミッド型になると機能不全に陥った。年金額を維持しようとすると、現役1人あたりの保険料負担がどんどん重くなる。かといって現役世代の負担増をやめれば年金減額につながる。

## タイでは正社員の2割しか年金制度に入っていない

国民皆年金が達成できていない新興国はもっと深刻だ。例えば25年に65歳以上が総人口の2割を超えるタイでは、約1400万人いる正規労働者でも2割しか年金制度に入っていない。

今後、世界人口が減って経済が長期停滞局面に入れば物価や金利の上昇圧力は弱まる可能性がある。インフレを前提にしてきた世代間扶養のメリットも次第に

**私的年金が手厚い国ほど少子高齢化に強い**
(年金給付の所得代替率)

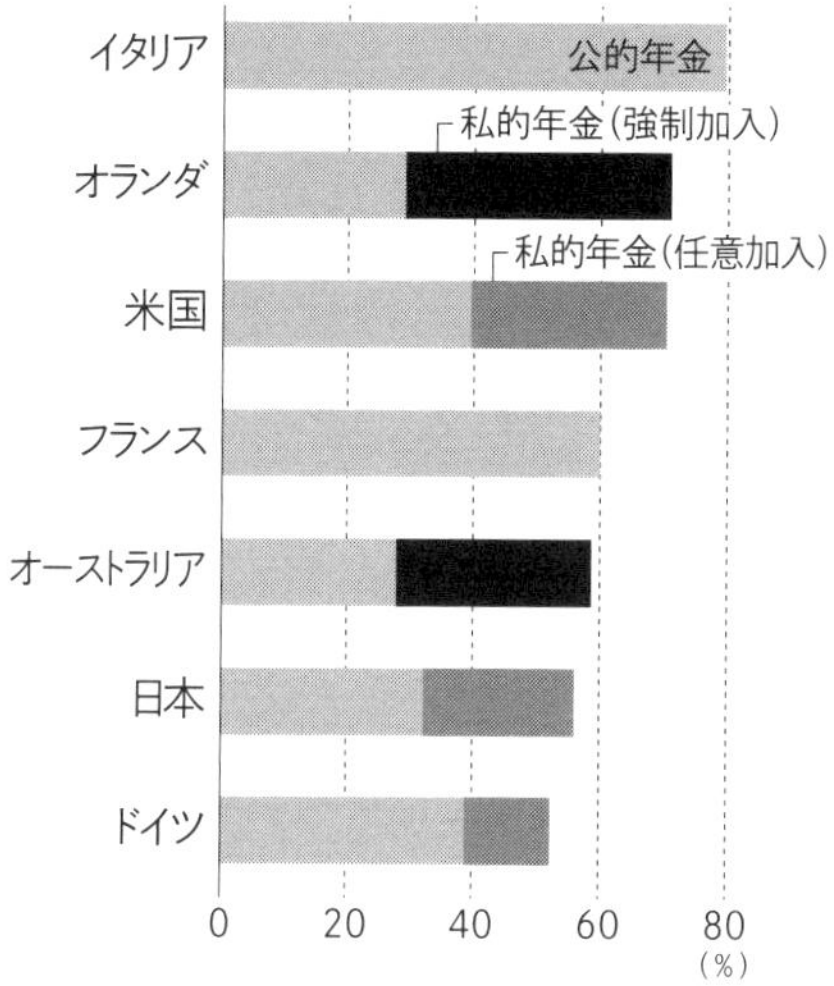


(注) 所得代替率は、現役所得の何割を年金でもらえるかを示す。日本は配偶者の基礎年金を含まない
(出所) 三菱UFJ信託銀行の調査資料などから作成

薄れ、安定的に運用益を稼ぐことにさえ黄信号がともる。

老後危機克服へのヒントはオランダにある。平均寿命が延びると、年金を受け取る年齢も自動的に上がる仕組みを採り入れ、少子高齢化の影響を和らげてきた。「世界で最も安定した制度」との評価に安住せず、低金利時代に対応すべく企業年金改革も急ぐ。

## 年金制度への大きな依存はリスクに

23年度の導入を目指す新制度は、いわば企業年金を「共助」から「自助」へと近づける内容だ。将来の年金額を約束する確定給付型から、運用次第で年金額が変わる確定拠出型に移行。若い世代が納めた掛け金が上の世代の年金に回る状況を防ぐという。

年齢別に掛け金を管理し、若年層の掛け金は株式など高リスク投資で高い運用益を狙う。引退が近いシニアは安全資産で運用する。こんな対応も想定している。

人口減の世界の未来図で、世代間で支え合う年金制度に大きく依存するのはもはや危険だ。自助への仕組みを強化しつつ、テクノロジーも活用して人々が長くいきいきと働ける環境をどうつくり出すか。危機が現実になる前に世界は手を打つ必要がある。

# 3 AIとヒトが共生　脅威論を越えて

「大いなる第一歩になる」。2021年10月、バイデン米大統領は週7日、1日24時間の稼働でロサンゼルス港などと合意したと表明した。ライバル港が自動化を進め「不眠不休」で貨物船を迎えるなか、人力頼みのロス港は夜間の作業停止が続いてきた。

22年に国際港湾倉庫労働組合と港湾業者の労使協定は満期を迎える。焦点は自動化だ。自動化で労働コストは60％減り、利益は2倍以上に膨らむとの試算もある。ストライキも辞さないロス港の労組の反発は根強いが、人手不足を見据えれば、自動化にもはや背を向けられない。

## イノベーターを突き動かす危機感

国連の人口推計（低位推計）では、20年と比較した先進国の生産年齢人口は50年までに14・5％減り、2100年にはほぼ半減する。約3億7000万人分の労働力が消滅する計算だ。世界を揺るがしかねない人口減少問題は希代のイノベーターも突き動かす。

「人類の文明にとって最大のリスクは、急速に低下する出生率だ」。21年9月、ロスのイベントに登壇した米テスラのイーロン・マスク最高経営責任者（CEO）は、人口減少への危機感を訴えた。

電気自動車（EV）やロケットに続き、ヒト型ロボット「オプティマス」に挑む。22年に公開した試作機は身長173センチメートル、体重57キログラム。重量物を持ち上げ、危険労働や単純労働から人類を解放する。1台2万ドル以下での販売を目指す。

「労働人口の47％が人工知能（AI）やロボットで代替可能な状態にある」。13年にオックスフォード大のマイケル・オズボーン准教授らが発表した論文「雇用の未来」は世界に衝撃を与え、テクノロジーが人から雇用を奪うと懸念された。

ところが、新型コロナウイルスの流行で風向きは変わった。オズボーン氏も「パンデミックで多くの人は自動化が考えていたほど悪くはないことに気づいた」と脅威論の後退を指摘する。

## AIとロボットの活用が経済成長を支える

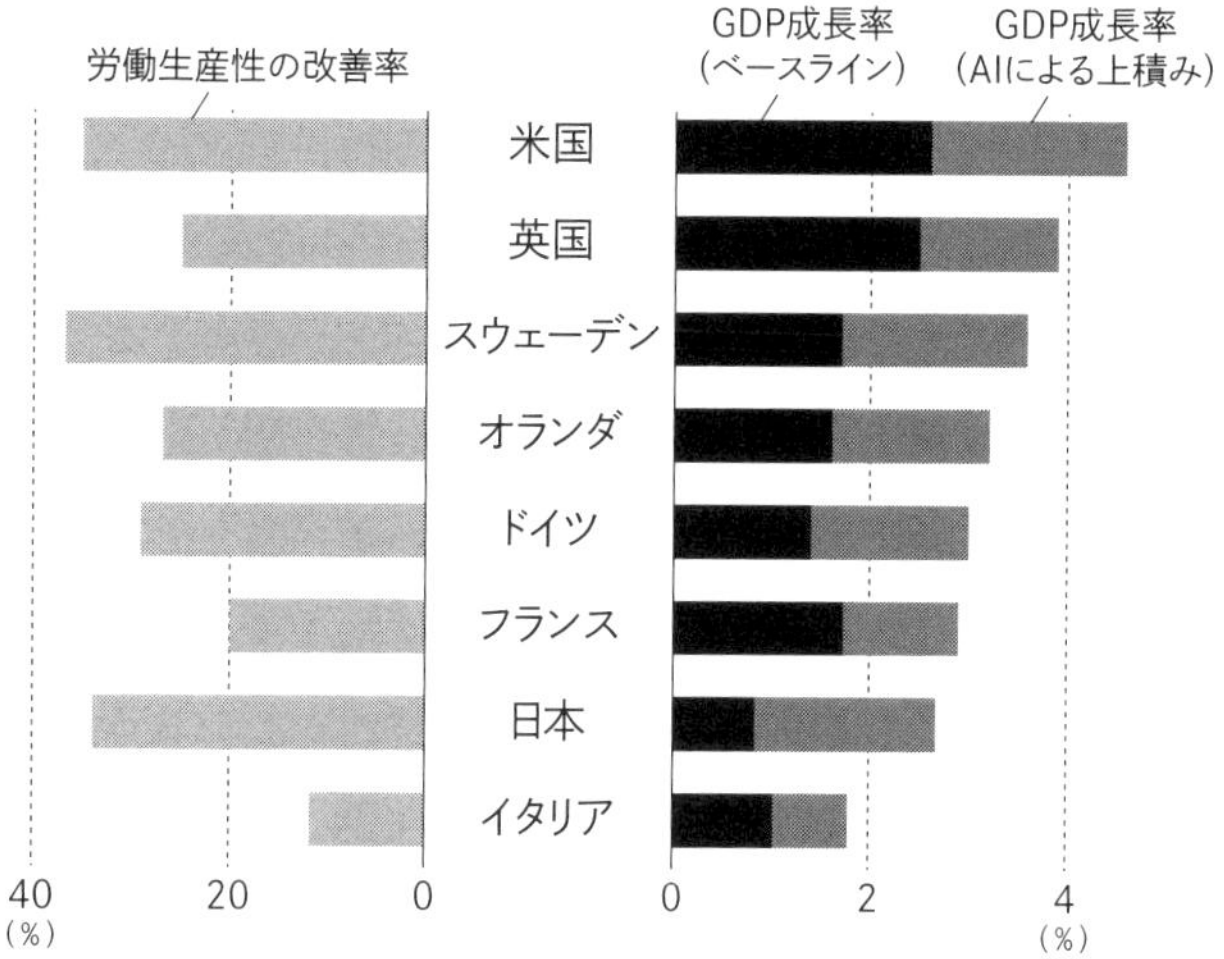


（注）生産性の改善率は2035年のベースラインとAIによる上積み分の比較、GDP成長率は2035年までの年平均
（出所）アクセンチュアとフロンティア・エコノミクス調べ

### 先進国の成長率
### 2倍に高める分析も

世界経済フォーラムは25年までに工場労働者など８５００万人が雇用を失うが、ＡＩ技術者など９７００万人分の雇用創出を予測する。

技術革新に対する人の恐れは繰り返された歴史だ。産業革命に沸く19世紀初期の英国。失業を危惧した織物工業の労働者は織機を破壊する「ラッダイト運動」に傾いたが、先駆けた工業化で生産性を飛躍的に高めた。

アクセンチュアなどの調査は

ＡＩやロボットが多くの先進国で国内総生産（ＧＤＰ）成長率を35年に約2倍に高めると分析する。

摩擦をいかに推進力に変えるか。ヒントは総人口６００万人に満たない「小国」にある。建国以来、初めて2年連続で人口が減ったシンガポール。国際経営開発研究所が調査したデジタル競争力では世界5位だが、危機感は強い。技術の進化に合わせ、人材の再育成に乗り出した。

22年までに３００社を目標に、デジタルスキルを学び直す8週間の研修プログラムを始めた。活用企業は生産性を最低10％向上させるという。政府予算は日本の１割に満たないが、公共部門のデジタル化には年３０００億円規模を投じる。

人口減時代でどう持続的に成長するか。人とロボットの「適材適所」の共生は有力な解となる。

## 4 「おひとりさま」が家族の標準に

看護師の余琨さん（38）は両親に買ってもらった中国・上海の2LDKのマンションに3年前から一人で暮らす。溺愛する飼い猫の高級キャットフード、お気に入りのアイドルのオンラインイベント――。高額な住居費が不要で1万3000元（約23万円）の月収の大半を、自分のために使える。

「結婚の必要性は感じない。流れに身を任せ、一人充実した人生を送る方が楽しい」

**単身世帯は世界で3割増**

2020年代前半にも総人口の減少が始まる中国。家族を持つことに伴う経済的負担を嫌い、都市で独り身を選ぶ若者が増えた。地方の親世代は一人暮らしや老夫婦で生活する「空巣老人」と呼ばれる人も少なくない。中国の一人暮らしの成人は21年には18年比3割増の1億人に迫るもよう。伝統的な大家族は解体されつつある。

## 主要国の単身世帯は増加

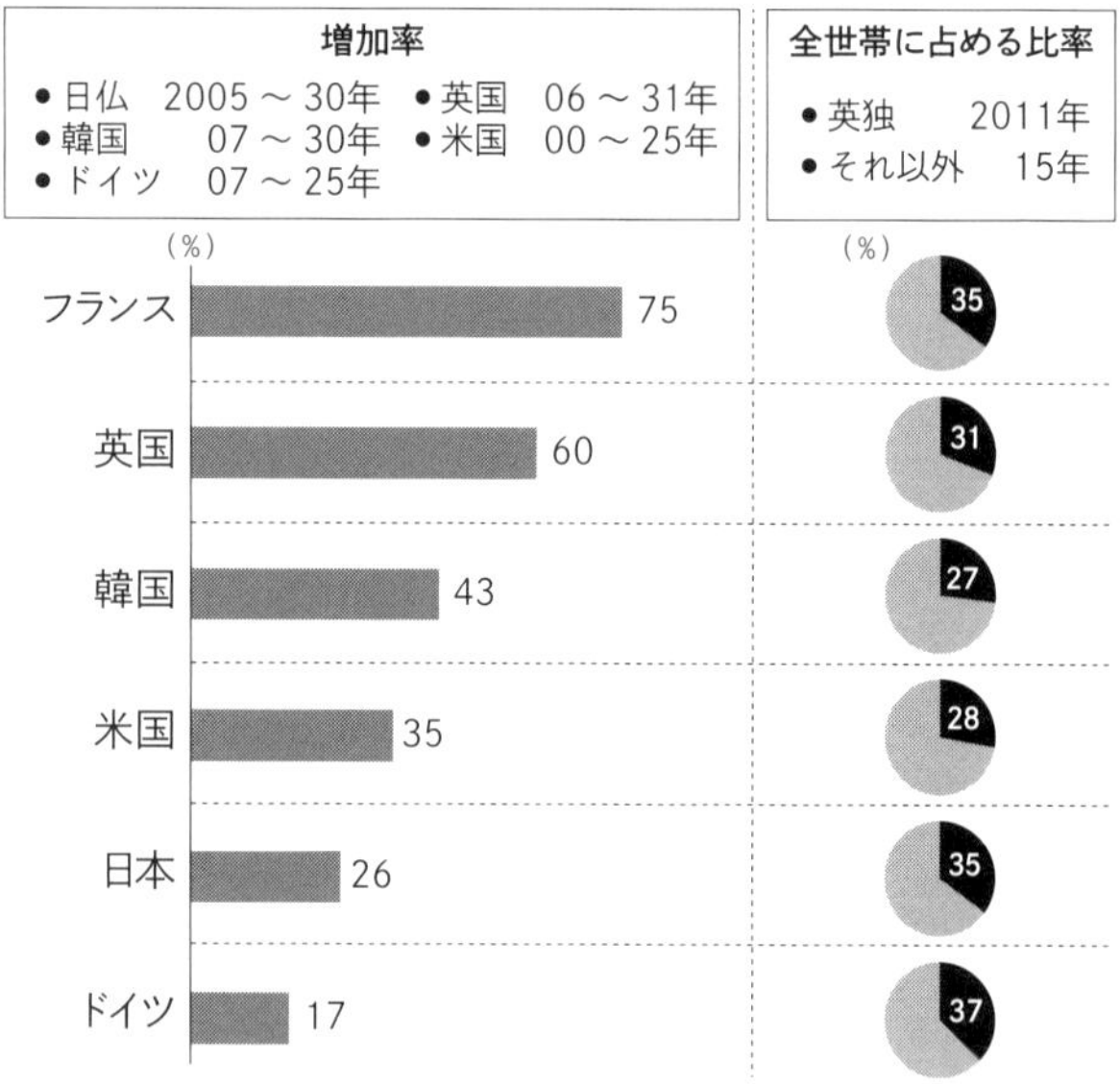


(注) OECDと国連の資料を基に作成

「おひとりさま」の増加は世界的な傾向だ。ユーロモニターによれば、世界の単身世帯数は18年から30年にかけ3割程度増える。従来、大家族が多かったアジアも40年には5人に1人は単身者となる。すでに欧米主要国の単身世帯比率は3～4割。フィンランドでは、夫婦と子どもの核家族の2倍を占め、最も標準的な世帯となっている。

　単身世帯の増加は非婚化と少子化を同時に進ませ、人口減少を加速させる。介護や福祉も家族の扶助が困難になり、孤独による心身の負担は増し、公的支援は重くなる。経済や社会の構成単位を一変させる家族の解体に世界は向き合い始めた。

18年に世界初の「孤独担当相」を設置した英国。孤立が高齢者の認知症や若年層のメンタルヘルスを悪化させ、医療費を増やすことへの危機感が強い。超党派議員でつくる委員会は、孤独の悪影響は英国経済に年間320億ポンド（約5兆円）の損失をもたらすと試算した。

## 孤独の克服策を模索

社会の活力を奪いかねない孤独といかに共生するか。単身世帯比率が4割のスウェーデンには、孤独社会の生活インフラのモデルとして注目される施設がある。南部ヘルシンボリ市に地元NPOが開設した「セルボ」だ。単身高齢者と安価な住居を探す海外からの移民、若年世代などが同居する。高齢者が移民に英語を教え、若年層が高齢者の生活を扶助する。

民の創意工夫で孤独な高齢者とビジネスを両立させる動きも出始めた。65歳以上の4人に1人が社会的に孤立しているとされる米国。17年に創業したPapaは若者が高齢者を訪問。数十ドル程度の報酬と引き換えに家事代行や会話、ゲームの相手を担う。会員数は20年比4倍に増えた。

21年11月には「シニアテック」の台頭を見越したソフトバンク・ビジョン・ファンドなどから出資を得て、企業価値は14億ドル（約1600億円）になり、賛同の輪を広げる。明治大学の金子隆一特任教授（人口学）は「単身者が心身ともに健康で、高い生産性を発揮するため、個々の状況に応じた医療や支援体制が必要となる」と指摘する。

家族というつながりを喪失し、社会に散らばったよるべない個人をいかに結びつけ、支え合うか。孤独という人口減少時代の病を官民の力で克服しなければ、社会は基盤から揺らぐことになる。

## 5 財政政策は成長促してこそ

「ハイパー（超）ケインズ主義」。米投資家ザカリー・カラベル氏は新型コロナウイルス危機が深まる2020年4月、各国の財政政策のフル稼働ぶりをこう評した。
「世界経済の大部分は政府部門のバランスシートに移る。戦時であれ平時であれ、この規模の支出は歴史上、例がない」

## ケインズの2つの処方箋

人口減が迫るなか公的債務膨張を伴う財政拡張はどこまで許されるか。短期の需要不足には公共投資を訴えたケインズが、人口減に迷い、長期では単なる財政拡大と異なる解を模索したことはあまり知られていない。

絶海の孤島に集まる海鳥の群れ。卵がある量を超えると、絶壁の巣から海にこぼれ落ちる――。ケインズは1922年の論文でこの孤島を「マルサス島」と呼んだ。経済学者マルサスは18世紀末の「人口論」で人口増は食糧難と貧困を招くと唱えた。20世紀にかけ英国の繁栄に陰りが出るなかケインズは人口増を「悪魔」と呼び恐れた。

だが1930年代の大不況を経て、ケインズの人口観は一変する。37年の講演では、人口減が企業の投資意欲を縮こまらせると喝破した。

ケインズの処方箋は2つ。貯蓄を消費に回す所得分配の公平化と、投資を引き出しやす

### 戦前の英国にも人口減におびえた時期があった

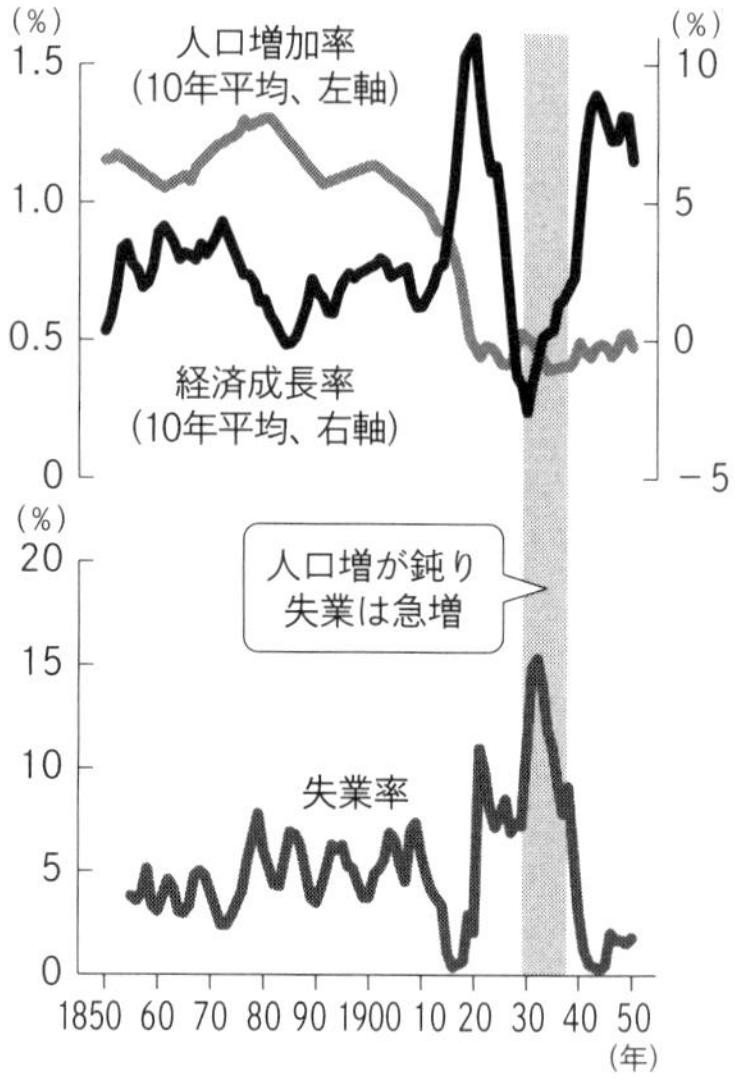


（注）英イングランド銀行のデータから作成

くする利子率の低下だ。

所得の再分配は再び脚光を浴びているが、日本の政策論議はバラマキ色が強い。米マッキンゼーによると、日本はデジタル化を進めれば２０３０年に最大78兆円、国内総生産（ＧＤＰ）16％分を押し上げる可能性があるが、現状では「いかに需要を呼び起こし投資増へとつなげるか」というケインズ流からほど遠い。

米欧は先を行く。やみくもに有効需要を生み出す不況対策から、長期的な成長のタネをまく財政政策にシフトした。米国はインフラ投資の促進や環境対策・格差是正に向けた法律が成立または審議中だ。欧州も復興基金を通じてデジタル化や環境対策を促し、潜在成長率の引き上げをうたう。

## 縮小均衡に陥らないために

人口減時代の経済理論は、再び経済学界で注目を集める。経済学者チャールズ・グッドハート氏は、世界的に働き手が減るなか、労働者ほどには消費者が減らない状況がモノ不足や貯蓄減を生み、インフレや金利上昇につながると主張。これに対してケインズと同じ論点で「将来の人口減は現時点の需要減を生む」といった反論も呼ぶ。

人口減が企業の将来展望を暗くして投資が不足し、貯蓄はむしろ過剰になり縮小均衡に陥るからだ。ケインズの宿題をどう解くか。

人口130万人の北欧の小国エストニア。電子政府で知られるが、世界から投資マネーを集める「起業大国」でもある。22年末時点でユニコーン企業（企業価値が10億ドル以上の未上場企業）を10社輩出し、人口あたりで世界一を記録した。法人税優遇や、法人設立が「15分ですむ」（政府の支援組織スタートアップ・エストニア）という起業のしやすさで人材やカネを引き込む。

アニマルスピリッツ（血気）が鈍れば企業は死滅するとケインズは説いた。規制緩和で起業や技術革新を促し、生産性を高めることが人口減社会の道しるべとなる。

専門家に聞く

# 人口減にどう向き合うか

20世紀に世界の人口を4倍にした人口爆発は近い将来、終わる。人口減で何が変わり、国や企業、個人はどう向き合うべきか。国内外の専門家に聞いた。

## 「移民受け入れ、国の生き残りかけた問題に」

パラグ・カンナ氏●国際政治学者

――新型コロナウイルス禍は世界と人口にどう影響しましたか。

「人口が少なくてもやっていける。そう考えていた国にとっては厳しい教訓になったはずだ。実際に米国や英国の高齢者施設では介護士が足りず、多くの高齢者が命を落とした。サービス業中心の先進国経済には機械でなく人の力がなお必要だという証明だ」

「移民の受け入れは国・地域の生き残りをかけた問題になってきた。急場をしのぐ方策ではもはやない。イタリアのナポリは誰もゴミの収集をしない場所と化したが、それでも移民は脅威と考える地元住民がいる。移民は本来、文明国としての生き残りを助けてくれる働き手。こうした視点が欠けている」

――働く国などに左右されないビザ（査証）の発給が本格化しています。

「『リモートワークビザ』は面白い動きの一つだ。移民として若い人たちを受け入れた国・地域は、よりダイナミックに経済を動かすことができ、世界への影響力も増す。人材争奪戦に加わりたい意思が見て取れる。取り組む国はコロナ禍をはさんで数カ国が数十に増えている」

「ビザ対象者にとって、働く場所や企業の所在地、リアルかリモートかなど働き方は関係ない。ある意味、投資家といえる。彼らはどこで貯蓄するか、どこに住むかについて厳しく選別し、自ら決定している」

――有能な人材を引き寄せる政策とは。

「米国はいくつか改革に着手した。バイデン政権は１０００万人以上の不法移民に市民権を与えようと動く。ハイテク技術者などが利用できるビザの新規発給を増やし、配偶者にも働ける権利を付与した。欧州連合（ＥＵ）でも高度専門職移民の受け入れが進む」

「重要なのはしっかりした基準と段階を設けること。最初はエントリー段階の移民でも成果に応じて滞在期間が延長でき、最終的には市民権申請につながるような仕組みが不可欠だ。人材争奪への意識の高まりから、今後数年のうちに世界はこうしたシステムに収れんするだろう」

——他方、各国は上がらない出生率に苦悩しているようです。

「出生率を高めようとした国のほとんどが、失敗か一時的引き上げに終わった。ただ中国の若い女性たちに聞くと、目標は北京での物件購入と話し、子どもを持つことが最優先事項ではないのだと感じる」

「経済の先行き不安と新型コロナ、気候変動の3要素が絡み、世界の出生率は破壊的低迷に向かうとみている。特に若い人たちは今、子どもを持つべきでない、子どもが増えると地球に悪影響があるのではないか、とまで本気で考え始めているようだ」

**Parag Khanna**
シンガポールのリー・クアンユー公共政策大学院の元上級研究員。2008年、米誌で「21世紀の最も影響力のある75人」に選ばれた。インド生まれ。

## 「人材こそ革新の源泉、育成に投資を」

**翁百合氏**●日本総合研究所理事長

――人口減と経済の関係をどう考えますか。

「人口減少の負の影響は大きい。人口予測を前提に企業や消費者は動く。需要も供給も縮小するという予想は国内投資を強く抑制する。高齢化し人口ピラミッドの形が変わることで社会保障や財政の持続可能性の不安も高まる」

――今までの少子化対策の効果は限定的でした。

「少子化が止まらない理由の1つは若者全体の所得環境の脆弱さにある。年収300万円で結婚や出産ができるかという不安は大きい。非正規の正社員化を進めるとともに年功序列型の賃金を見直し、若年層の所得環境を改善すべきだ」

「2つ目は強い性別役割分業の意識だ。2015年の調査では、日本の男性の約6割が『夫が仕事、妻が家庭』という考え方を支持した。スウェーデンはわずか6%だ。男女ともに家事や育児に取り組むことが大事だ」

「3つ目は柔軟な働き方の推進だ。新型コロナウイルスでリモートワークの裾野が広がった。これほど大きなチャンスはない。私の職場でも、静岡県など地方にいながらオンラインで仕事をしている社員がいる」

――世界人口も増加が緩やかになっています。

「高齢化が進む先進国や中国などは日本と同じく成長率の鈍化が見込まれる。社会保障制度の持続は大きなテーマになるだろうし、格差への対応も不可欠になる。一方でアフリカ中南部などではいまだに人口増が続く。地域差はさらに広がるだろう」

「温暖化や新型コロナの新たな変異ウイルスが生まれるリスクなど、地球規模で取り組むべき課題も明確になっている。各国が協力してワクチンの普及を進めなければ、先進国にもマイナスの影響が及ぶ」

――人口減の経済への悪影響をどう解決すればよいでしょうか。

「人への投資が最も大事だ。第1に最先端の科学技術に携わる、いわゆるSTEM（科学、技術、工学、数学）人材を積極的に育てなければならない。特に日本は女性の参加が遅れている。第2に社会人が新しい技術に対応できるように学び直す『リカレント教育』を充実する必要がある。第3には新しい仕事に就けるようにする職業訓練の強化だ。サービス業を中心に新型コロナの影響で仕事を失った人には集中的に支援する必要がある」

「企業も人こそがイノベーションの源泉であると十分に認識し、人材への投資をしっかり行うべきだ。単に社員向けの研修を増やすだけでは不十分だ。どれだけ新たな付加価値を生む人材が育っているか、デジタル化による生産性の向上が実現できているかなど、投資の成果を見極める必要がある」

**おきな・ゆり**
金融システム、社会保障、経済政策などが専門。2018年から現職。
少子化と経済がテーマの内閣府有識者会議「選択する未来2・0」で座長を務めた。

## AI・ロボ活用「自動化進んでも人の役割大きい」

**マイケル・オズボーン**氏●英オックスフォード大教授

――「米国の仕事の47％は機械で代替可能」という2013年の論文指摘は、世界に衝撃を与えました。

「当時よりはるかに不確かな時代になった。人工知能（ＡＩ）の分野を中心に、テクノロジーは進化を続ける。オンライン会議から食料品の配達に至るまで、自動化の流れも新型コロナウイルス禍で進んだ」

「多くの人が自動化が考えていたほど悪くはないことに気づいた。一方で、人と人との接触機会が減ったことで、資金不足からイノベーションの減速やＡＩへの期待感がしぼむ可能性はなお残っている」

――想定ほど「置き換え」は進んでいないと。

「ロボットが奪う仕事もあれば、ロボットが生み出す新しいタイプの仕事もある。47％はあくまで自動化への技術的な可能性だ。予測でも実情でもない」

――人口減時代のロボットやＡＩの役割は。

「テクノロジーはあくまで、私たちが望む目標を達成するために社会として採用するものだ。では少子高齢化のなか、あらゆる分野でその活用余地や必要性があるのかどうか」

「介護の現場で技術をうまく活用できていないという指摘がある。他方、高齢者が求めるのは社会に溶け込むことや人といきいきと話すこと。こうした機能は機械にない。置き換えることはできないものだ。今日の高齢化への解決策には、有益というより有害な部分も多く含まれている」

――適した仕事と適さない仕事がありますね。

「どの仕事をテクノロジーに任せるのか注意深く選ばないといけない。人間の尊厳を傷つけず、かつ人間にとって退屈な仕事は置き換えが有効だろう」

「例えばロボットに介護施設までの運転や輸送を任せる。そうすれば高齢者は家族と気軽に会える。ネット通販の世界では、発送管理や商品のお薦めがアルゴリズムは得意だ。コールセンター業務の開発も進んでいる。役割分担によって生産的な社会へと変革していく余地は大きい」

――私たち個人もテクノロジーへの向き合い方が問われる時代になります。

「人々は自動化でその仕事すべてが置き換わると本当に考えるのだろうか。例えば介護の現場では、ロボットの導入は仕事の一部を補うという感覚に近い。大げさに物事をとらえるべきではない。人の力とロボットの強みの双方を把握し、手を取り合って働く状態こそ理想だろう」

「無論、そのためには自動化ソリューションの設計・実装に人が深く関わることが欠かせない。これまでの失敗例を見るとほとんどの場合、経営側が最前線の働き手と協議なしにいきなり自動化を進めたケースだった。将来を見据えたとき、人しか持ち得ない労働力の余地はなお大きい」

Michael Osborne

専門は機械学習。英オックスフォード大リサーチフェローなどを経て2019年から現職。13年の共著論文「雇用の未来」で技術と雇用を分析した。

## 消費財市場「人口減でも世帯増なら拡大」

高原豪久氏●ユニ・チャーム社長

――世界人口の減少は消費財産業の成長戦略にどのような影響を与えますか。

「人口が増えているマーケットや商品カテゴリーをターゲットにして、そこに投資していくという姿勢は変わらない。『ブルーオーシャン』を探すのが正攻法だ。ただ、どんな市場であってもいずれは成熟していく。その場合、商品に新しい付加価値をつけて単価を上げることで、マーケットの縮小を補うというのが基本戦略になる」

「平均寿命も延びている。一人の消費者とできるだけ長く付き合うという考え方も重要になる。一生を通じてライフステージに合わせた商品を提供して、1人あたりの購買金額を高めていけば、人口減少の影響を抑えられる。一例は大人用紙おむつだ。ストレッチ素材を使うなどして見た目がぶかぶかしない高価格品を投入しているが、最近のスタイリッシュな高齢者にはよく受け入れられている」

――主要国では未婚化などで単身世帯も増加しています。消費はどのように変化しますか。

「人口が減っても世帯数が増えれば消費財のマーケットは拡大すると思う。例えば、洗剤やシャンプーといった日用品は、家族の人数にかかわらず、1世帯に1つは必要だ。ペット関連など成長を期待できる商品ジャンルもある。中国では子どもが減る一方で、ペットを飼う人が増えている。都市部の店舗では子ども用紙おむつより、ペット用品の売り場の方が2倍広いくらいだ。飼い主の主義・主張を反映した嗜好の多様化も進む」

「少子化が進む中国の、若い世代の消費者は自己実現の欲求が高い。高くてもいいものを求めるというだけでなく、自分の個性や価値観を投映できるようなブランドを探そうとする傾向が強い。（1990年代半ば以降に生まれた）『Z世代』は環境保護などへの関心も高く、日用品でも高価なオーガニック素材を使ったものなどの引き合いが強い。かつては『日本製か、そうでないか』が重視されたが、最近はどこでつくられたかより、ブランドそのものの価値が見極められている」

――嗜好が多様化すれば、大量生産が標準だった消費財のものづくりも変わりそうです。「不特定多数向けの『マス商品』から、ターゲットが細分化された『スモールマス』や『マイクロマス』へと売れ筋は変わっていく。『多品種・少量・ローコスト』が、これからのものづくりのカギを握る。IT（情報技術）を駆使して、生産の効率化を進めていくことが重要だ。それができる企業にとっては商機が広がる。外部のパートナー企業との分業など、生産プロセスにもオープンイノベーション的な発想が必要になる」

**たかはら・たかひさ**
成城大経卒。三和銀行（現三菱ＵＦＪ銀行）を経て、１９９１年ユニ・チャーム入社。２００１年から現職。父はユニ・チャーム創業者の高原慶一朗氏。愛媛県出身。

特集

# 「多数派」がシフトする

世界の人口は早ければ21世紀半ばにも減少へと転じる。少子高齢化とグローバル化に伴って、今後の人口の減り方はまだら模様になり、旧来のものさしでは測れない変化をもたらす。国・地域での濃淡、人口構成や移民流入の変遷のデータから、「多数派」が変わり常識や秩序も揺らぐさまをひもとく。

## アフリカだけ人口増、経済けん引の期待背負う

第2次世界大戦が終わると、人口爆発の波は欧米からアジアへと広がり、長らく経済成長の源にもなってきた。だがこれから世界は人口減少に転じ、「アフリカだけが人口増を続ける時代」へと変わっていく。

第2次大戦の終結から間もないころ人口増加の主役は欧米だった。当時の主要国の出生率は3前後と高く人口増の流れをけん引。20年ほどをかけて、世界は人口爆発と経済成長のピークへと歩む。

ところが20世紀末、欧米の人口が伸び悩み始めた。代わりに爆発的な増加を見せたのが中国やインドを中心とするアジアだ。人口増と経済成長が連動し、世界を引っ張る役回りを担った。

今後はどうなるだろう。21世紀半ばには、これまで「最多数派」だったアジアの人口増にブレーキがかかり、重心が動く。国連推計（低位モデル）によれば２０５５年、米ワシントン大の推計では65年、世界はいよいよ人口減少時代に突入する。

他方、アフリカでの人口増は当面続く。２１００年を展望するとき、アジアとアフリカの人口差は国連の中位推計でも９％ほどに縮まり、結果として「アフリカ最多数」が視野に入ってくる。

その際の重要な視点は、人口増が成長にどれだけ寄与するかだ。60年時点でのアフリカ６カ国（ナイジェリアや南アフリカなど）の１人あたり国内総生産（ＧＤＰ）は、推計約４３００ドル。20年時点でのほかの地域の平均よりも低い水準が見込まれる。

貧困や政治腐敗、投資不足など難題を抱えるアフリカだが、数少ないフロンティアとして期待を背負う。成長へのエンジンに脱皮できるよう先進国の支援が欠かせない。

## 人口でみた各国・地域の規模

### 1950年
第2次大戦後 欧州になお存在感

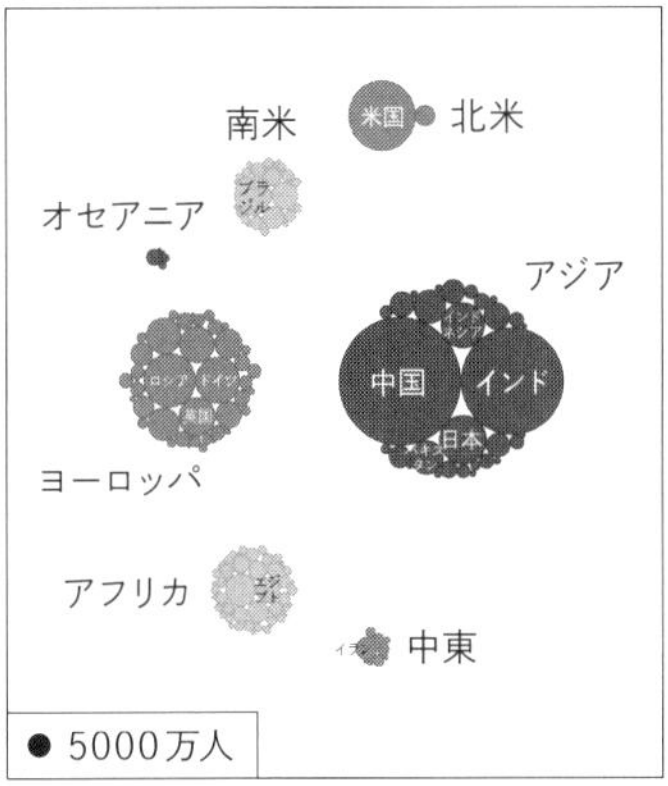


### 2020年
主役はアジア 人口は成長の源に

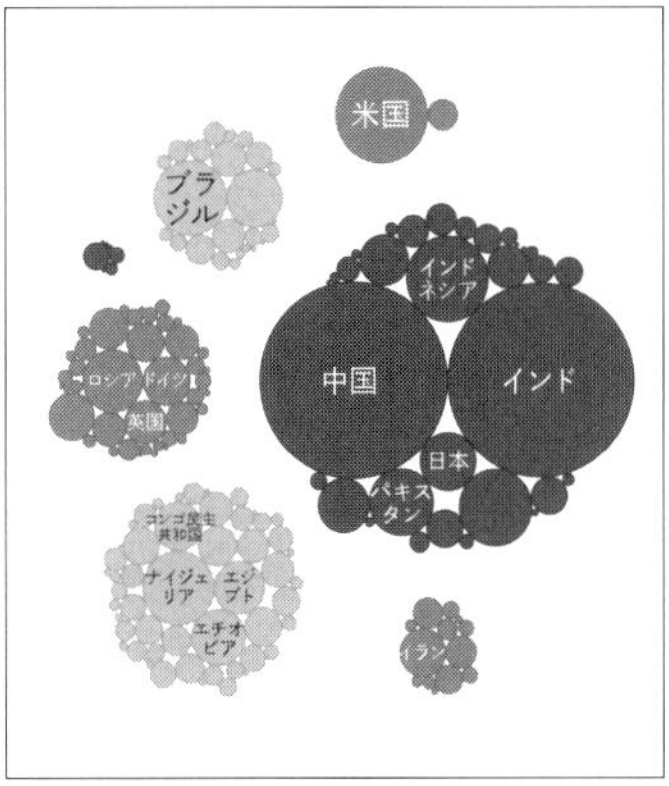


### 2050年
アジアにブレーキ 迫る人口減時代

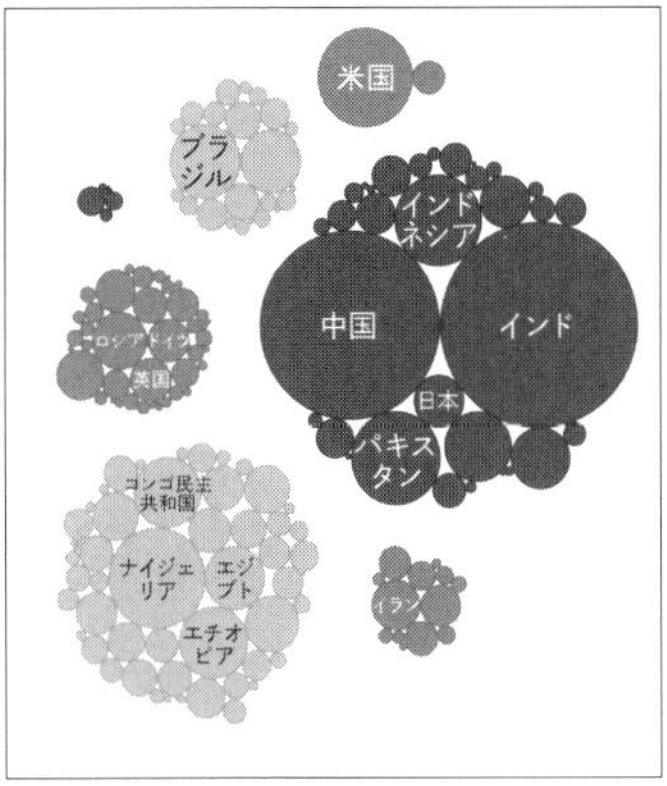


### 2100年
現実味帯びる「アフリカ最多数時代」

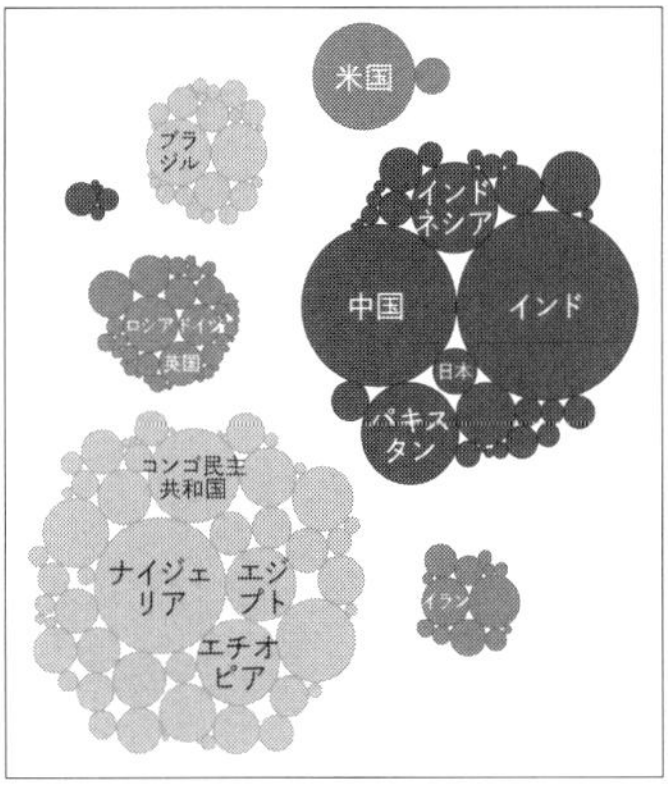


（出所）国連中位推計

## 2050年には世界が「高齢社会」に

世界人口減の未来図で、各国・地域の人口構成の姿は極めていびつになる。少子化と高齢化が同じタイミングで加速し、人口構成上は若者の数が急激に細り、高齢者が「多数派」になっていく。

一般的に「高齢化社会」は65歳以上の人の比率が7％、「高齢社会」は14％を超えた状況を指す。2050年時点で、世界人口に占める65歳以上の比率は20年の9・3％から15・9％に上がる。日本は28・4％が37・7％になる。働き手と消費の中心世代が相対的に減っていく。

アフリカなど一部エリアを除けば人口ピラミッドの形が変わる。かつての三角形から、上が膨らむ「つぼ」型へと移る。世代別多数派はおおむね60〜70代になる。

年金・医療など社会保障は、日本のように「世代間扶養」をとる場合、より多い高齢者を現役世代で支えなければならない。先進国全体では1980年代に国内総生産（GDP）の1〜2割ほどだった社会保障費は直近で2〜3割まで膨らんだ。

結果、財政余力は失われ成長分野にお金が回りにくくなる。厳しくなる年金財政の打開策の一つは公的年金の受給開始年齢の見直しだ。先進国は段階的に65歳以上などへ引き上げ始めた。高齢化の入り口に立つ新興国でも例外的な選択肢ではなくなる。

## 増える単身世帯、消費も変化

人口動態の変化は、世界各国・地域の「家族のかたち」とも密接に絡んできた。世界でいま増えているのは単身世帯だ。日本や欧州では、すでに単身世帯が全世帯の3分の1を占める状況になっている。

一人暮らしの増加は人口動態の縮図でもある。都市化や女性の社会進出などを背景に晩婚化や少子化が加速した。結果として高齢化と単身世帯の割合に強い相関関係が生まれた。

アジアをはじめ新興・途上国でもこれから大都市とその周辺で一人暮らし世帯が増えていく公算が大きい。日本では2040年、全世帯の39・3%が一人暮らしになる。行政には孤独への対策が一層求められそうだ。

消費のかたちを変えていく可能性も高い。変調の象徴的な動きは、例えば「日本の国民食」とも呼べるカレーの売れ行きから見て取れる。

スーパーでの売れ行きを分析すると、2017年に「レトルトタイプ」が「カレールー」を上回った。レトルトブームの広がりだけでなく、背景には単身世帯が増えて「孤食」が広がったことがある。

## 3分の2が都市暮らしに

人口減に伴い、人々はより豊かさを求め農村から都市へと移動しそうだ。国連によると2010年に都市の人口は総人口の51・7%となり、農村を超えた。50年には世界人口の3分の2以上が都市に住むと推計される。

都市への集中が目立つのは南アジアやアフリカだ。インドのデリーの人口は35年時点で4335万人。1950年に比べて約30倍にも増え、世界で最も人口が多い都市になる。一方、東京をはじめ先進国の都市は、規模としては次第に縮小していく。

「乱雑な都市化で、集積による生産性向上のメリットが見込めない」。世界銀行は2016年発表のリポートで、インドなどでの急速な都市化に懸念を示した。都市が大きくなり、世界のスラム人口はこの30年で3億人増え10億人になった。

都市化の進行と膨張は、先進国にとっては都市の機能をどう維持していくかという問題につながる。主要国でつくる調査機関、グローバル・インフラストラクチャー・

## 各国の高齢化率と単身世帯の割合

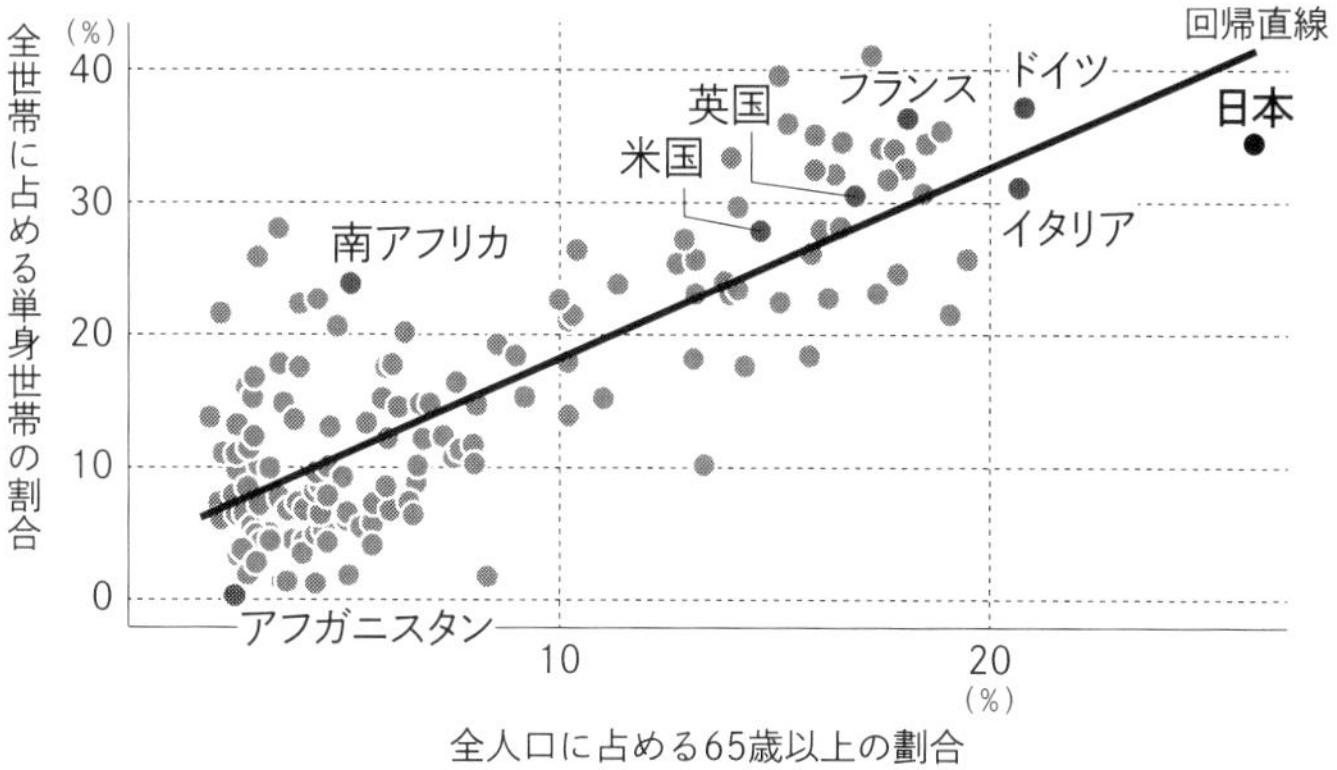


（注）出所は国連。2000年以降の各国の最新データから作成

## 都市圏ごとの人口の推移

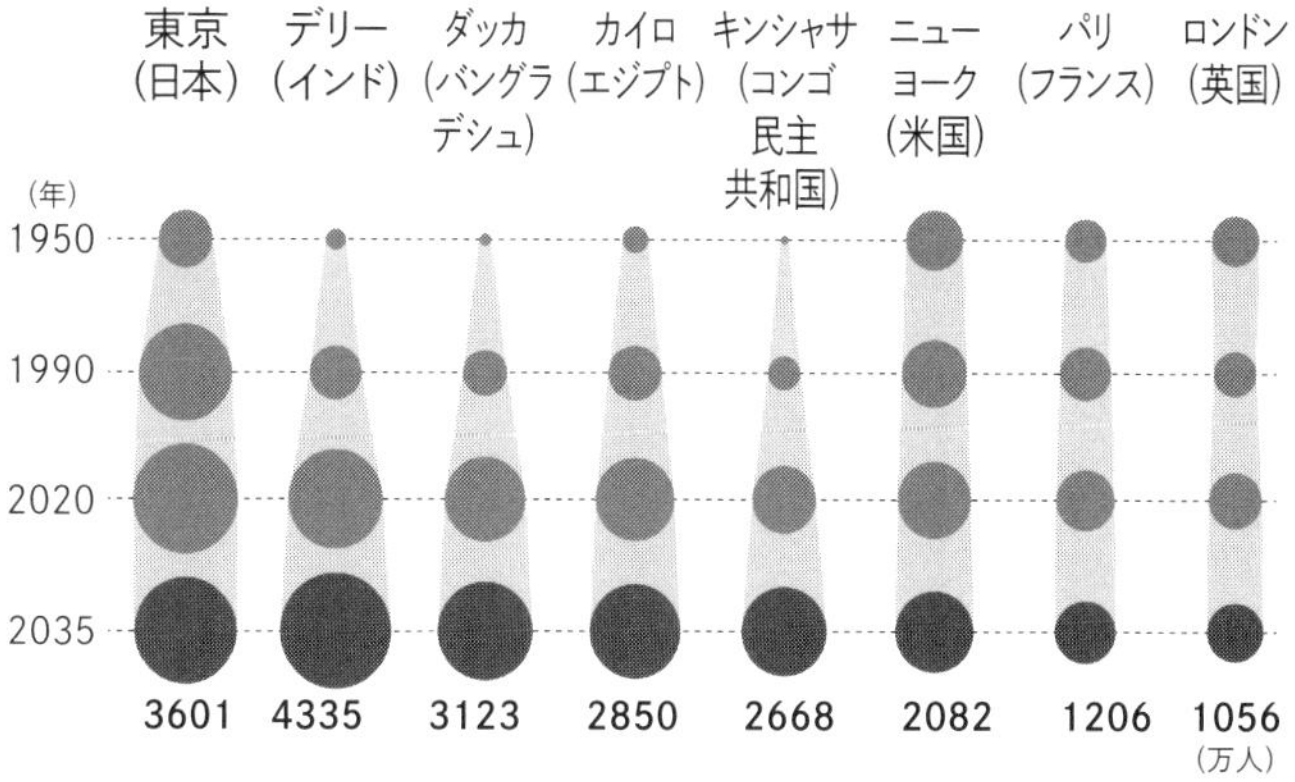


（出所）国連

## 主な先進国の人口に占める移民の割合

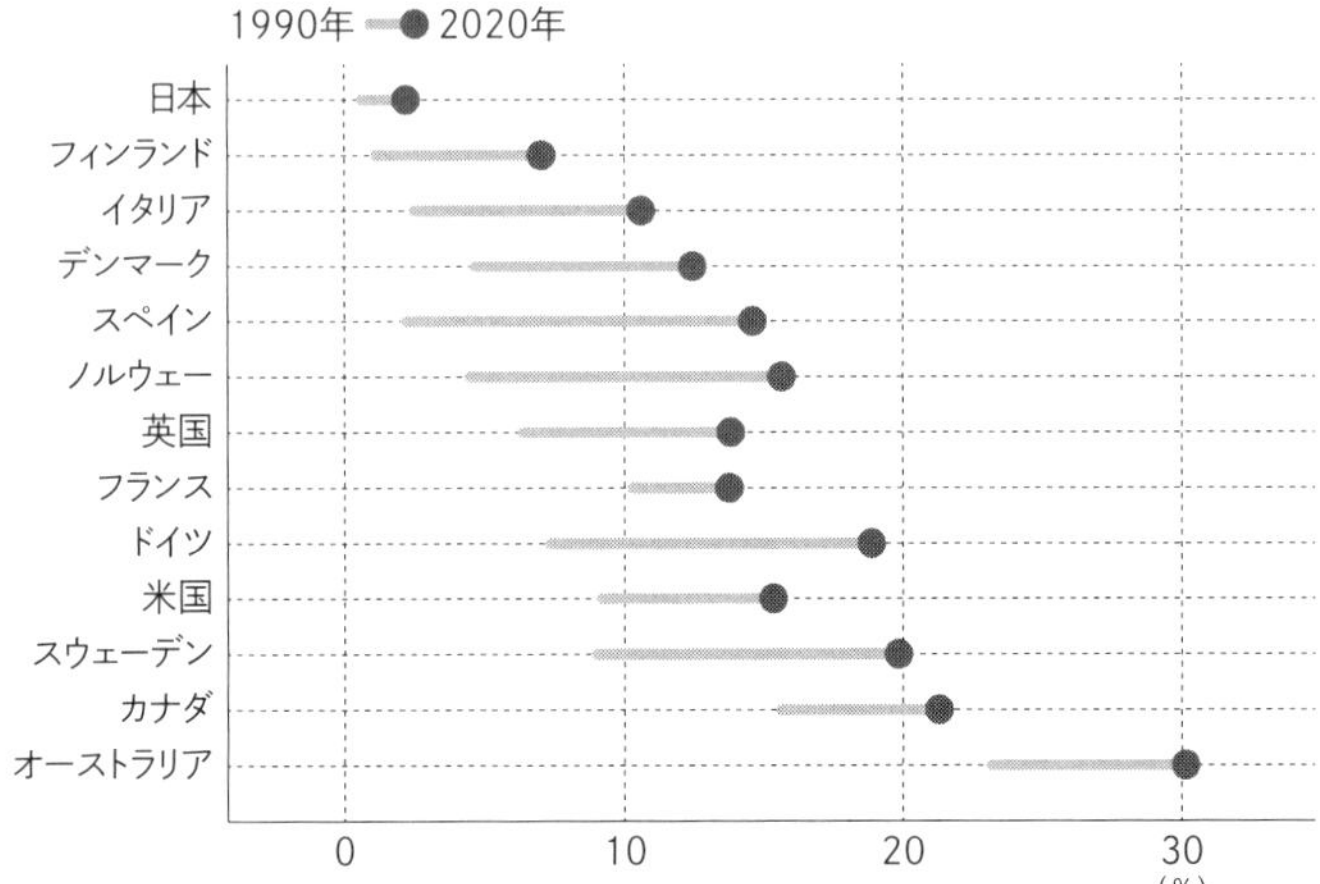


(出所) 国連

ハブは「2015～40年に世界で累計15兆ドルのインフラ投資の不足が発生する」と予測する。

### 先進国、人口増は移民頼み

経済的に豊かでも人口が減る先進国と、貧しくても人口が増える途上国。これまで両者をつなぐ役割を果たしてきたのが移民の存在だ。

過去30年、先進国で移民の数は急増した。1990年と2020年の人口に占める移民の割合を比べると、スペインやドイツで大幅に伸び、オーストラリアやカナダは全人口の2～3割に達した。カナダの場合、50年までに総人口は21％増えるが、移民を除くと4・4％減るという計算が成り立つ。移民を抜きに人口増を考えるのは極めて難しい時代になる。

米国では、18歳未満の人口で現在5割を占める非ヒスパニック系の白人の比率が60年に36％まで下がり、有色人種の方が多くなる。米ピュー・リサーチ・センターの予測では、60年ごろに「世界でイスラム教徒の人口がキリスト教徒を追い抜く」とされる。

これまで移民の送り出し元になってきた新興・途上国も少子高齢化の波には簡単にはあらがえず、「供給」がいつまで続くか見通せない。「移民が来てくれない未来」を見越し、世界は社会を再構築する必要性に迫られる。

3章

# 衰退が招く危機

## 1 国家存亡、侵攻の野心に火

「武器を捨てて！」。エレナ・オシポワさん（76）は2022年3月、ロシア第2の都市サンクトペテルブルク（旧レニングラード）で反戦デモに参加し、当局に拘束された。

オシポワさんの両親は第2次世界大戦中の1941～44年、ナチス・ドイツ軍による「レニングラード包囲戦」を生き残った。当時人口320万人の同市は2年半にわたり包囲され、推定60万～150万人が死亡した。大半が餓死だったという。

かつてプーチン大統領はインタビューで、志願兵だった父もレニングラード包囲戦を生き延びたと語っている。凄惨な体験を経て反戦を訴えるようになったオシポワさんとは対照的に、プーチン氏は教訓としてこう断言する。「勝利を考え続けなければならない」

### 人口拡大に執着するプーチン氏

旧ソ連は第2次大戦で連合国側として勝利したが、人的被害は世界で最も大きかった。

ロシアは90年代に死亡が出生を逆転
（人口1000人あたり）

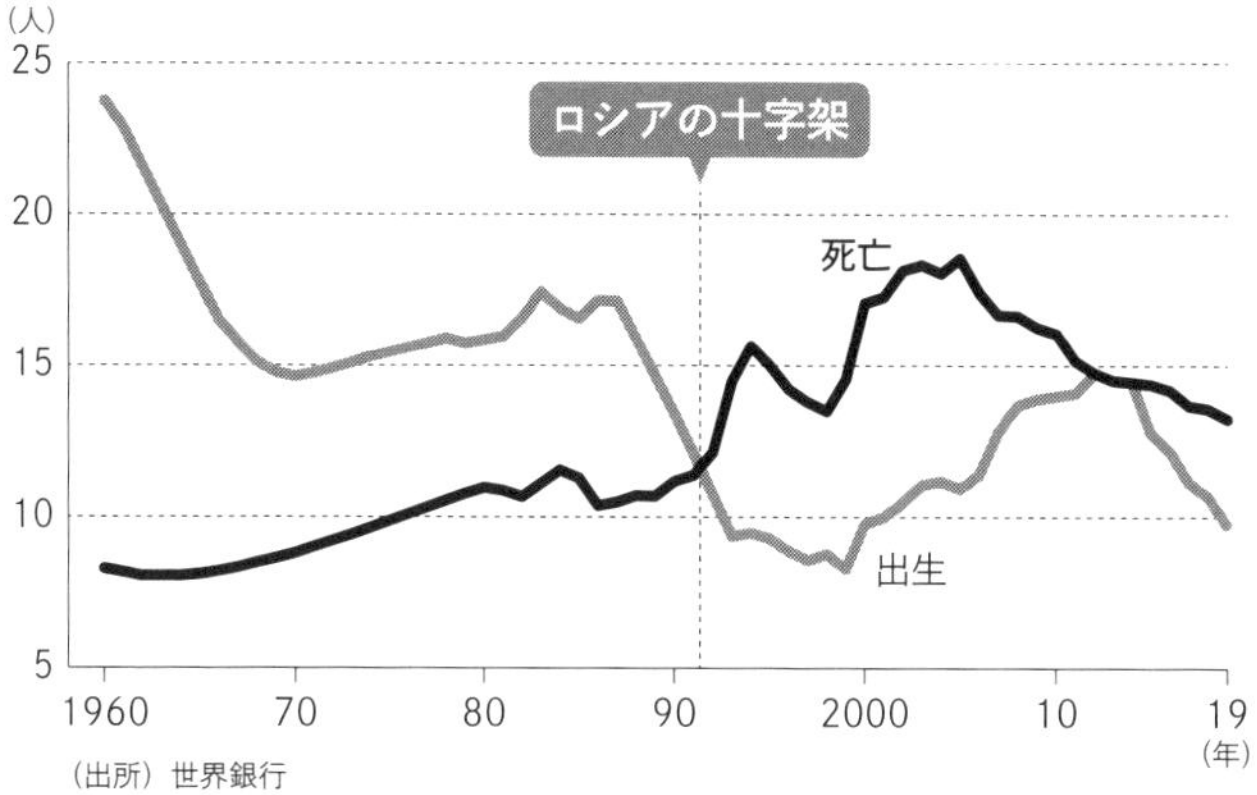


（出所）世界銀行

2660万人が死亡し、旧ソ連諸国を含む人口2億人弱（当時）の1割以上を失ったとされる。こうした経緯からか、プーチン氏は人口拡大に執着してきた。現在のロシアの人口は1億4000万人強。20年の年次教書演説では「ロシアの運命は子どもが何人生まれるかにかかっている」と主張した。

冷戦期を通じて超大国として君臨した旧ソ連の人口の転換点を、人口学者は「ロシアの十字架」と呼ぶ。体制崩壊直後の1992年、社会や経済の混乱で出生数が急落し、グラフ上で十字架を描くように死亡数と逆転した。ロシアの大国としての地位は年々低下し、国内総生産（GDP）でみた経済規模もすでにイタリアや韓国を下回る。

ロシアの平均寿命は伸び悩んでいた

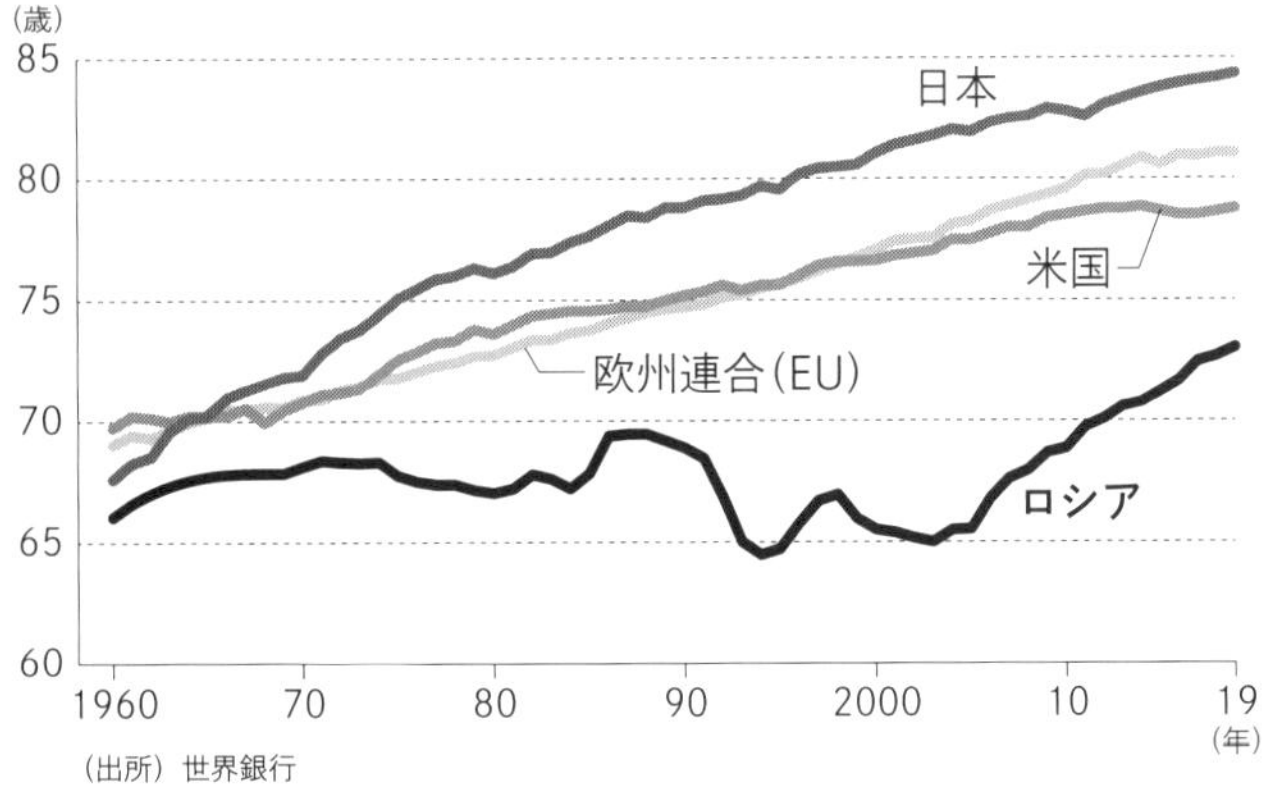


(出所) 世界銀行

「人口減は国家存亡の危機だ」。プーチン氏は２０００年の大統領就任以降、人口増を国家目標に掲げてきた。「母親資本」と呼ぶ給付制度を設け、第2子誕生以降の教育費や住宅購入費などを対象に、平均年収の１・５倍に相当する25万ルーブル（当時約１１５万円）の補助金制度を設けた。

こうした取り組みも背景にロシアの出生数は急激に回復し、１９９８年の１３１万人から２０１５年には１９０万人に増えた。１９９０年代に西欧より最大12歳以上低い64歳まで悪化していた平均寿命も、２０００年代半ばから改善が進んだ。

ウクライナへ侵攻したプーチン氏の最終目標は何なのか。それが透けるのが、同氏が21年７月に発表した論文「ロシア人とウクライナ人の歴史的な一体性」だ。

「ロシア人、ウクライナ人、ベラルーシ人はすべてルーシの子孫だ」。ルーシとは9世紀に建国されたキエフ大公国を指す。プーチン氏は各国が文化・民族的に一体だと主張し「統一」をもくろむ。プーチン氏は自らと同じ名前のキエフ大公国指導者、ウラジーミル大公の巨大な像を大統領府（クレムリン）近くに建てた。

## クリミア併合で人口260万人増

ソ連崩壊後、減り続けていた人口が一時的に持ち直したのは2014年。同年にウクライナ南部クリミア半島の併合を宣言し、統計上の人口を約260万人増やしたためだ。ロシアの19年の移民数は1164万人と世界4位で、25年までに最大1000万人の移民を招く目標を掲げる。

その手段が「在外同胞」と呼ぶ旧ソ連諸国住民の移住だ。プーチン氏は19年、ウクライナ移民らがロシア国籍を得やすくする法律に署名した。AP通信によると、ウクライナ東部地域で人口の約18％にあたる72万人以上がロシア国籍を取得した。

1950年に世界4位だったロシアの人口も、現在は9位に転落した。国連予測では

2050年に14位に下がる。ただ旧ソ連諸国を合わせれば7位となり、4位の米国と同じく3億人を超す規模に達する。

大国復活に固執するプーチン氏だが、戦況が膠着して混乱が長引けば犠牲者は増え続ける。制裁による経済低迷や資本・人材流出も加速する。衰退がさらなる暴発を招くリスクに世界が直面している。

# 2 縮む中国、強権も及ばない

1871年に誕生したドイツ帝国。急速な工業化で、成立から半世紀弱の間に人口を約6割多い6700万人に増やし、世界の大国に成長した。だが急速な台頭を警戒する英仏やロシアに包囲網を築かれ、資源封じ込めなどで孤立していく。追い詰められた独は第1次世界大戦に突入し、敗戦とともに崩壊した――。

「衰退に向かう大国は攻撃性を強める」。米ジョンズ・ホプキンス大のハル・ブランズ教授はドイツ帝国や戦前の日本を例に、そんな教訓を導く。同じ道をたどると懸念するのが中国だ。

人口14億人の市場で世界をひき付けてきた規模のメリットは徐々に失われる。２０２１年の出生数は１０６２万人と、１９４９年の建国以来最少となった。死亡者数を差し引いた人口の自然増加率は０・03％と増加はほぼ止まった。２０２２年から公式統計でも人口減少に突入する公算が大きい。

**中国の人口と増加率**

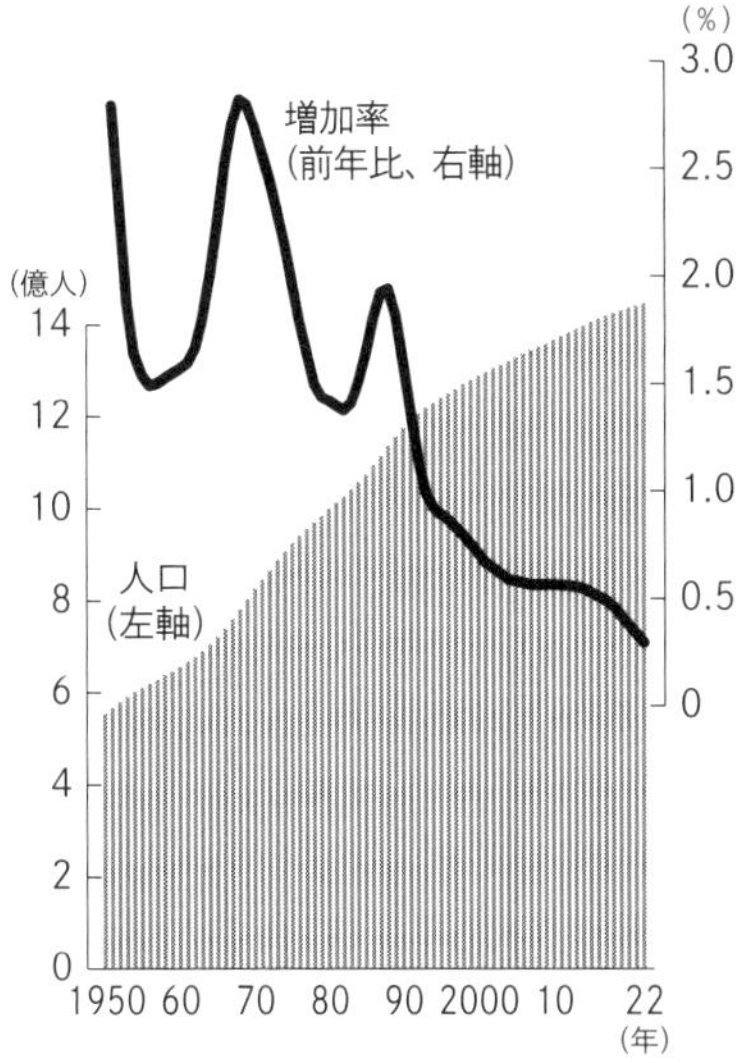


(注) 2018年からは予測値。国連

## 「子どもはいらない」25％

急速な少子高齢化に焦る習近平指導部は21年、第３子の出産を認めた。ただ効果は乏しい。エコノミストの任沢平氏が５万人にアンケート調査したところ、９割が「３人目を望まない」と答えた。「子どもはいらない」との回答も25％

中国は子ども向けの社会保障支出が先進国などを大きく下回る

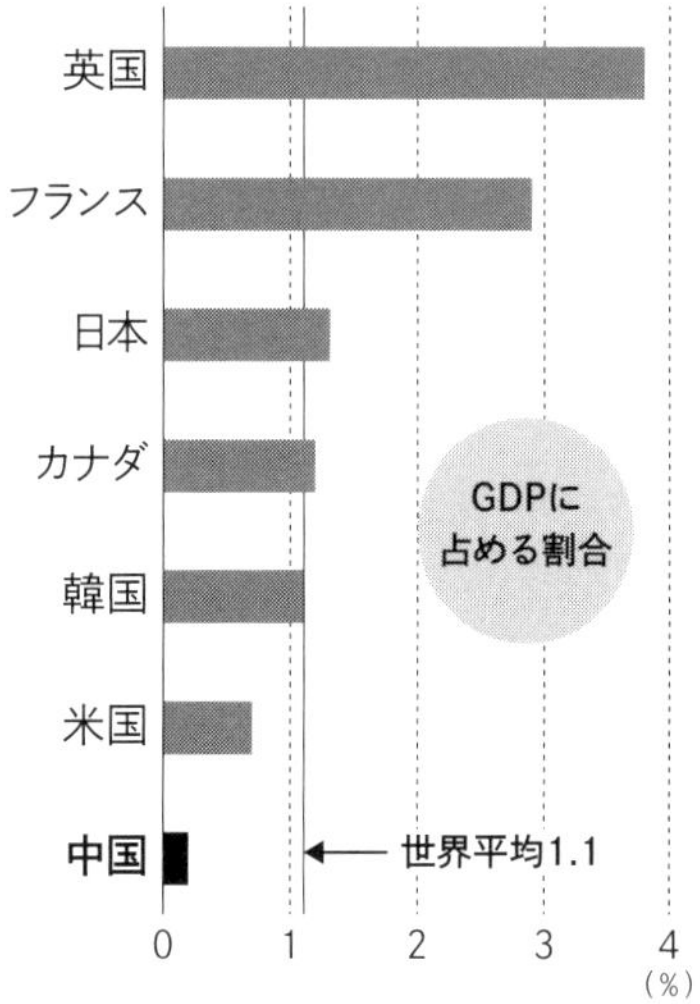


（注）国際労働機関（ILO）の2017年のリポートを基に作成、保健医療費を除く

に達した。

子育てへの財政支援が弱いことが一因だ。国際労働機関（ＩＬＯ）によると、中国の子ども向け社会保障支出は国内総生産（ＧＤＰ）の０・２％で、世界平均の１・１％を大きく下回る。22年１月から３歳未満の子を育てる父母の個人所得税を軽減したが、直接給付はごく一部の都市に限られる。

子育てが重い負担になる社会は衰退を避けられない。「14億人いる総人口は１００年後に４億人まで減る」（北京大の張俊妮副教授）

働き手の減少は成長に直接響く。人口学が専門の米ウィスコンシン大の易富賢研究員は、15～64歳の生産年齢人口は50年に７億５６００万人となり、30年間で２億人減ると試算する。日本経済研究センターは22年12月の予測で、中国の名目国内総生産（ＧＤＰ）が米国を逆転しないとはじいた。米国の対中輸出規制強化で中国の成長率が下振れするほか、長期的に人口減少による労働力不足が足かせとなる。

## 医療・社会保障支出、10％から30％に膨張

65歳以上の人口は同じ期間に2倍近くに膨れ上がる。ＧＤＰに対する医療・社会保障支出の割合は足元の10％から50年には30％まで高まるとの予測もある。社会保障費の膨張は成長に向けた投資ばかりか、共産党支配を支えてきた国防費や治安維持費の抑制も迫る。

少子化を放置すればいつか年金などへの不安は臨界点に達する。国内の危機に直面した指導者は外に敵をつくり国民の不満をそらす――。歴史上、何度も見られた現象だ。

ブランズ氏は軍事的な対中包囲網が「２０２０年代後半～30年代初頭にも実を結ぶ」として「(それ以前の）軍事バランスが有利なうちに習氏が動く選択肢が浮上する」と警告する。人口減への焦りが募れば、台湾の武力統一など強硬手段に出る時期は早まりかねない。

新型コロナウイルスのまん延や新疆ウイグル自治区での人権問題など、力ずくでことごとく封じてきた中国。だが、どんな強権をもってしても少子化の潮流は止められない。世

界は縮小する覇権主義国家の暴発リスクと向き合うことになる。

専門家に聞く

## 覇権国家の衰退と安保リスク

### ロシア・中国に「衰退する大国のわな」

ハル・ブランズ氏●米ジョンズ・ホプキンス大教授

世界の安全保障体制を揺るがすロシアや中国が人口減少の危機に直面している。国力衰退に悩む覇権国家が、打開を図って暴発する安保リスクについて専門家に聞いた。

——「衰退する大国」の危険性とは何ですか。

「挑戦者が最も攻撃的になるのは、自信満々で着実に台頭しているときではない。目標を将来達成できなくなると恐れたとき、無謀なリスクをいとわなくなる。これを『衰退する大国のわな』と呼んでいる」

——歴史上はどのような事例がありますか。

「第1次世界大戦前のドイツ帝国だ。1914年までに成長はピークに達した。軍事面で英国に劣勢でロシアとフランスも軍備を拡張した。すぐ劇的な行動を起こさなければという恐れに駆られたに違いない。第1次大戦の緒戦こそ有利に進めたが最終的に大敗した。太平洋戦争前の日本も同様の力学が働いた」

――現在の中国も「衰退する大国」ですか。

「私はそうみる。中国経済は新型コロナウイルス感染拡大の前からピークをすぎていた。習近平国家主席が10～15年後にライバル国に包囲されると想定すれば、軍事バランスが有利なうちに動く選択肢が浮上する」

――中国は近く人口が減り始める見通しです。

「中国の人口は歴史上前例がないペースで減っていく。中国の国内総生産（GDP）が近く米国を追い越すとの懸念は誇張されているように思う。足元の成長の大部分は過大な資本投下の結果にすぎない」

「今後10年は中国の軍事拡張が続くだろう。米国や同盟国の軍事拡充が実を結ぶのは2020年代後半から30年代初めだ。それまでの時期が危ない。他国に完全に包囲される前に軍事的に挑戦しようとする誘引が働くからだ。台湾がその対象となりうる」

──第1次大戦前の英独関係からどんな教訓を読み取るべきですか。

「曖昧な約束は危険ということだ。第1次大戦前に英国はフランスやロシアと結んだ同盟がどういう義務を負うかを意図的に曖昧にしていた。結果、英国の介入はドイツ進軍を食い止めるのに遅すぎた。米国が台湾を守るためにいずれ中国と戦うと考えるなら、防衛の約束を曖昧なまま放置する利点は少ない」

──ウクライナ侵攻をどう見ますか。

「ロシアにも『衰退する大国のわな』の力学が働いたとみていい。ロシア経済は08年ごろから停滞し始めた。(侵攻前から)プーチン大統領が国際秩序に対するリスクを増大させる要因になっていたと考える」

──世界人口は21世紀半ばにもピークを迎えるとの予測があります。

「米国は今後50年間、人口維持に苦労するかもしれない。日欧は人口減の圧力にさらされている。米国は人口増が続く東南アジアなどとの関係強化が戦略的に重要になっていくだろう」

**Hal Brands**
歴史家。米シンクタンクのアメリカン・エンタープライズ研究所研究員。

米国防長官特別補佐官などを経て現職。

## 中国の一人っ子政策「共産党支配を弱体化」

**ケント・デン氏●英ロンドン・スクール・オブ・エコノミクス教授**

――人口減は中国の軍事力や共産党支配にどんな影響を与えますか。

「毛沢東はかつて、政治権力は銃口から生まれるといった。共産党から見れば、人民解放軍は中国の国家主権を守り、国内の安定統治を維持するための存在だ。だが軍への入隊が社会階層を高める手段でなくなっている今、入隊を希望する若者は減っている。中国を統治しているのは共産党ではなく、軍だ。軍を弱体化させる変化はどんな変化であろうと、共産党支配をも弱体化させる」

「党と軍の関係を踏まえれば、徴兵制をすぐに導入するとは思えない。共産党は軍に絶対的な忠誠を誓ってほしいからだ。徴兵制を導入すれば人手不足は解決するかもしれないが、彼らが本当に党に忠義を尽くすかどうかは疑問が残る」

――中国の人口減は統計より深刻とされています。

「公式統計上の数字は正しくない。実際の出生率は公式統計ほど多くなく、死亡率をわずかに上回る程度とみている。地方政府の人口統計も実際より大きく見せようとするインセンティブが働くため実態と乖離《かいり》している。地方の人口が多ければ中央政府のプロジェクトを獲得でき、高速鉄道が自分の町に止まる。1人の国民が異なる省で2つ以上の身分証を持っていても誰も気にしない」

――中国は少子化を食い止められますか。

「人々の考え方を変える必要がある。今の若い世代は一人っ子であることの恩恵や利点を感じている。（1979年に導入した）一人っ子政策が2世代続いた後、人々の考え方やライフスタイル、家族構造はすっかり変わってしまった。最初は一人っ子が強制だったが、40年たち、強制されなくても子どもは1人だけにしようと自然に思うようになっている。2人目の子どもの学費を無償にするなどして、家計への重い負担をやわらげる必要がある」

――結婚したがらない若者も増えています。

「中国には2億6000万人の成人独身者がいる。ビジネスはあらゆる努力をして彼らの生活を快適にする。独身のままでも十分幸せだと思える環境が整っている。雇用主も独身者を採用したがる。朝9時から夜9時まで週6日働く『996』という過酷な働き方では家族は持てないからだ」

「最近は『寝そべり族』が話題になった。若者は成功を追い求めない。自分一人の稼ぎで足る範囲で人生を楽しもう、なぜ結婚して子どもを持たなければならないのか、と考えているようだ」

――人口減を補うため、移民受け入れも選択肢になりますか。

「中国が大量の移民を受け入れるとは考えにくい。移民が共産党統治に忠実である保証がないからだ。中国は漢民族の絶対的な優位性を維持する必要があり、これは共産党支配にとって非常に重要だ。移民受け入れはこの優位性を希薄にしてしまう」

**Kent Deng**
経済史が専門で、中国の人口問題などに詳しい。
豪ラ・トローブ大博士、東京大客員研究員などを経て現職。

# 4章

# 下り坂にあらがう

# 1　スウェーデン、人口復活の秘密

ウクライナ侵攻で長年維持してきた軍事的な中立政策を転換したスウェーデン。実は以前にも「国のかたち」を大きく変えたことがある。世界有数の高福祉国家へとカジを切った原点は、出生数の急減で「国民がいなくなる」とまでいわれた1930年代の人口危機だった。

ストックホルム近郊に住む高校教師パスカル・オリビエさん（49）は4人の父親だ。子育てのため計3年強の育児休暇を取得した。「手続きも柔軟で非常に簡単だった」

スウェーデンでは子が8歳になるまで、両親が合計480日の有給育児休暇を取得できる。オリビエさんが約6割、妻が残りを取得したという。

スウェーデンが社会保障先進国になったのは、90年前の経験がある。

## 家族支援のための社会支出は日本の2倍

19世紀以降に「多産多死」から「少産少死」への転換が進み、スウェーデンの出生率は大恐慌のころ、当時の世界最低水準ともいわれた1・7程度まで落ち込んだ。国の針路を変えたのがノーベル賞経済学者グンナー・ミュルダールだ。

当時の世論は二分していた。「女性の自由を制限してでも人口増につなげるべきだ」「人口減は人々の生活水準を高めるので歓迎だ」。ミュルダールはどちらの主張も批判し、出生減を「個人の責任ではなく社会構造の問題」と喝破した。

人口減に警鐘を鳴らした1934年の妻との共著「人口問題の危機」を機に政府は人口問題の委員会を立ち上げ、ミュルダールも参加した。38年までに17の報告書をつくり、女性や子育て世帯の支援法が相次ぎ成立した。これがスウェーデンモデルと呼ばれる社会保障制度の基礎となった。

74年には世界で初めて男性も参加できる育休中の所得補償「両親保険」が誕生した。妊娠手当、子ども手当、就学手当などの支援は手厚く、大学までの授業料や出産費も無料だ。育児給付金は育休前の収入の原則8割弱。税負担は重いが「十分な恩恵を得られる」(オリビエさん)。

## スウェーデンは家族支援が手厚い

（GDP比の公的支出）

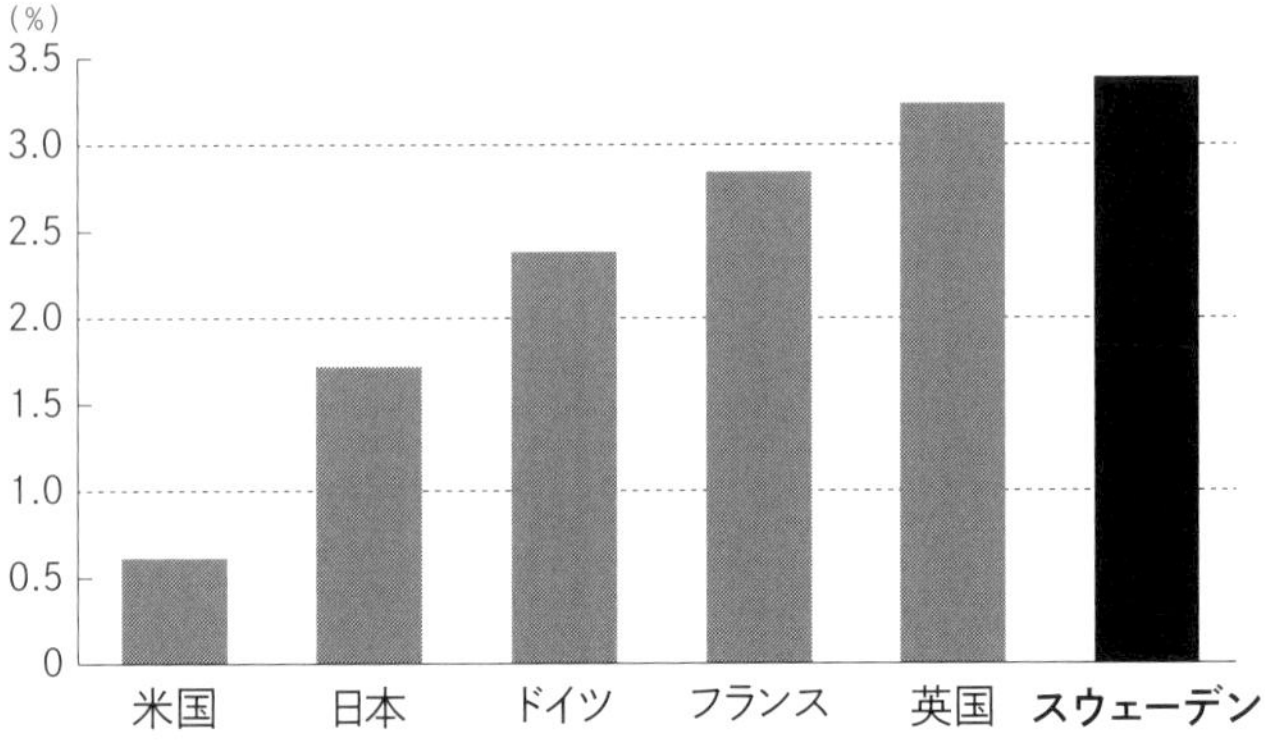


（出所）社会保障費用統計（2019年度）

## スウェーデンの出生率は下げ止まる

（人口1000人あたり出生数）

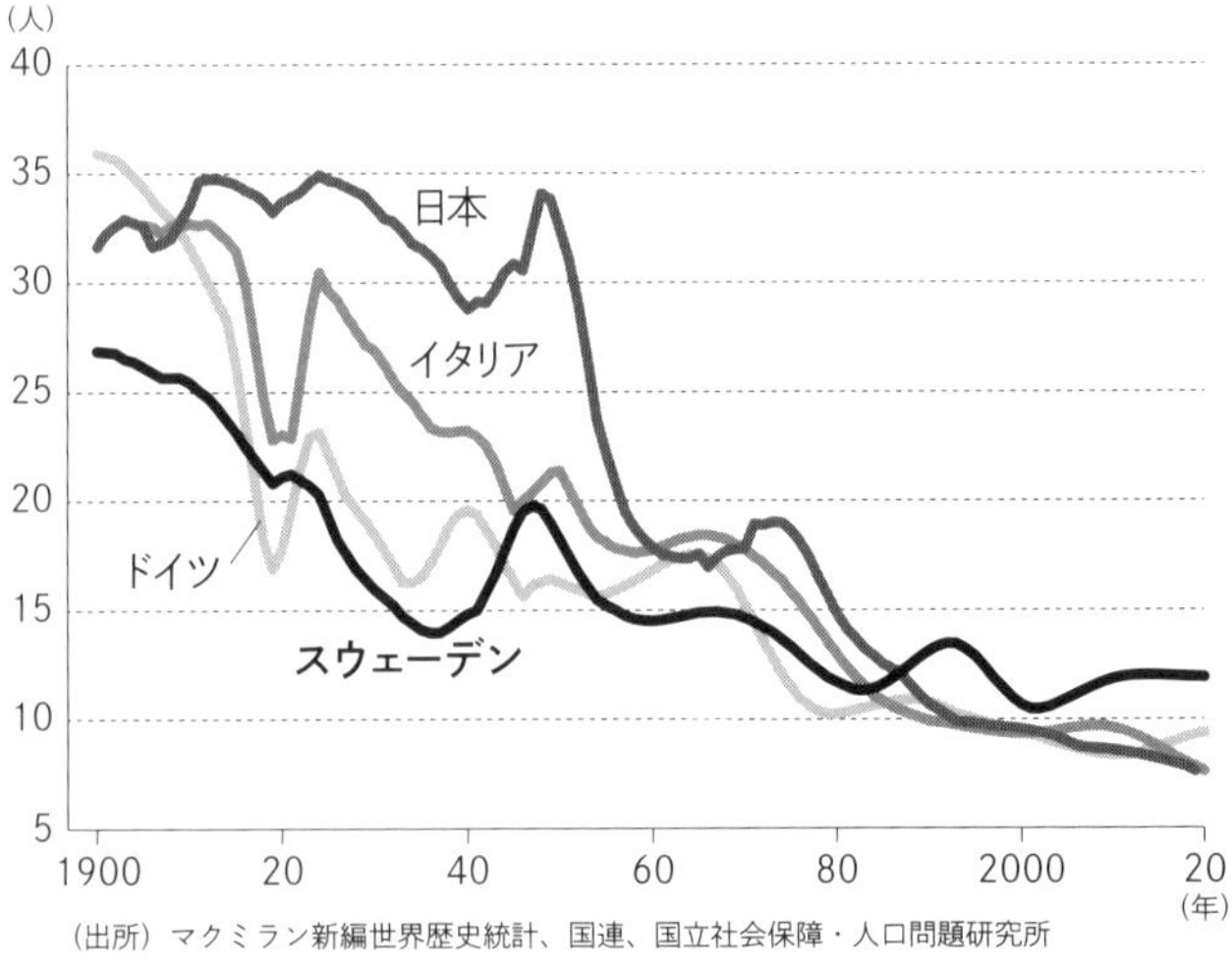


（出所）マクミラン新編世界歴史統計、国連、国立社会保障・人口問題研究所

女性の就業率は高く、現政権の閣僚も半数が女性だ。家族支援のための社会支出は国内総生産（GDP）比で3・4％と、米国（0・6％）や日本（1・7％）をはるかにしのぐ。

「90年の大計」をもってしても少子化に抗するのは簡単ではない。それでも少子化対策は未来への投資だ。「ミュルダールは特に若い層向けの福祉政策を人的資本への投資ととらえ、生産性を高める経済政策を兼ねると考えた。その理念は今も生きている」（名古屋市立大の藤田菜々子教授）

## 国の姿勢が出生率を左右する

一方、スウェーデンと同じく1930年代に出生率が低下した国の明暗は分かれる。「子どもを産まないか、1人でいいと考える夫婦が増えているのは悲劇だ」。ローマ教皇フランシスコは2020年末、少子化が進むイタリアに強い警戒感を示した。

1922～43年のイタリアのファシスト体制は、人口増による国力拡大を掲げて出産を奨励した。その反動で人口増加政策がとりにくくなったとされる。2020年の出生数は40万4892人と最少。政府は21歳まで月に最大175ユーロ（約2万4000円）を支給する子ども手当の導入を決めたが、出遅れは否めない。

解はどこにあるのか。スウェーデンと並び少子化対策の成功例とされるフランス。100年以上の悲願だったドイツとの人口再逆転を、今世紀中に達成する見通しだ。仏は19世紀前半に独に人口逆転を許し、19世紀後半の普仏戦争敗北は「人口で負けたからだ」との危機感が染みついた。仏は「仕事と家庭の両立」を軸に社会制度を大きく見直した。ドイツは「子どもの面倒を見るのは母親だ」という保守的な家族観が一部に残る。

国連が22年7月に改定した人口推計で、世界人口の年間増加率が統計を遡れる1950年以降で初めて1％を割った。人口減は世界共通の課題だ。

日本も89年に出生率が戦後最低を記録した「1・57ショック」以降、少子化への意識は高まったが、一貫したビジョンを持って対策してきたとはいいにくい。国家存亡の危機に際し、スウェーデンのように大胆な改革に踏み切れるかどうかが国の浮沈を左右する。

Column

## 日本は「ゆでガエル」国家　人手不足2030年644万人

日本は人口減少によって国家が縮んでいく現実にどこまで真剣に向き合っているだろう

か。継続的な人口減少局面に入ってからすでに14年たったのに、労働力不足を克服し、年金、医療、介護の機能不全を防ぐ道筋は見えない。少子化対策も踏み込みが甘く、このままでは「ゆでガエル」になりかねない。

製造業は38万人、医療・福祉は187万人、サービス業は400万人……。パーソル総合研究所と中央大がまとめた「労働市場の未来推計」によると、日本全体の人手不足は2030年に644万人に上る見通しだ。

新型コロナウイルス禍前の19年上半期の人手不足が約138万人だったので、わずか10年余りで4・6倍になる。

今までは一人ひとりの仕事を増やしたり、業務を効率化したりすることでしのいできた現場が多いだろう。欠員率は3％未満だったのでそれもある程度は可能だった。

だがパーソルの推計を基にはじくと30年の欠員率は10％を超える計算になる。サービス業はなんと20％を超す。もはや「現場の頑張り」では到底持ちこたえられない。

生産や物流は滞り、小売店では商品が欠品しがちになる。病院の待ち時間はどんどん長くなり、親が介護サービスを受けられずに離職する人が続出する。道路や橋は通行止めが増えていく——。こんな事態がありうる。

**様々な業種で人手が不足する**
（2030年）

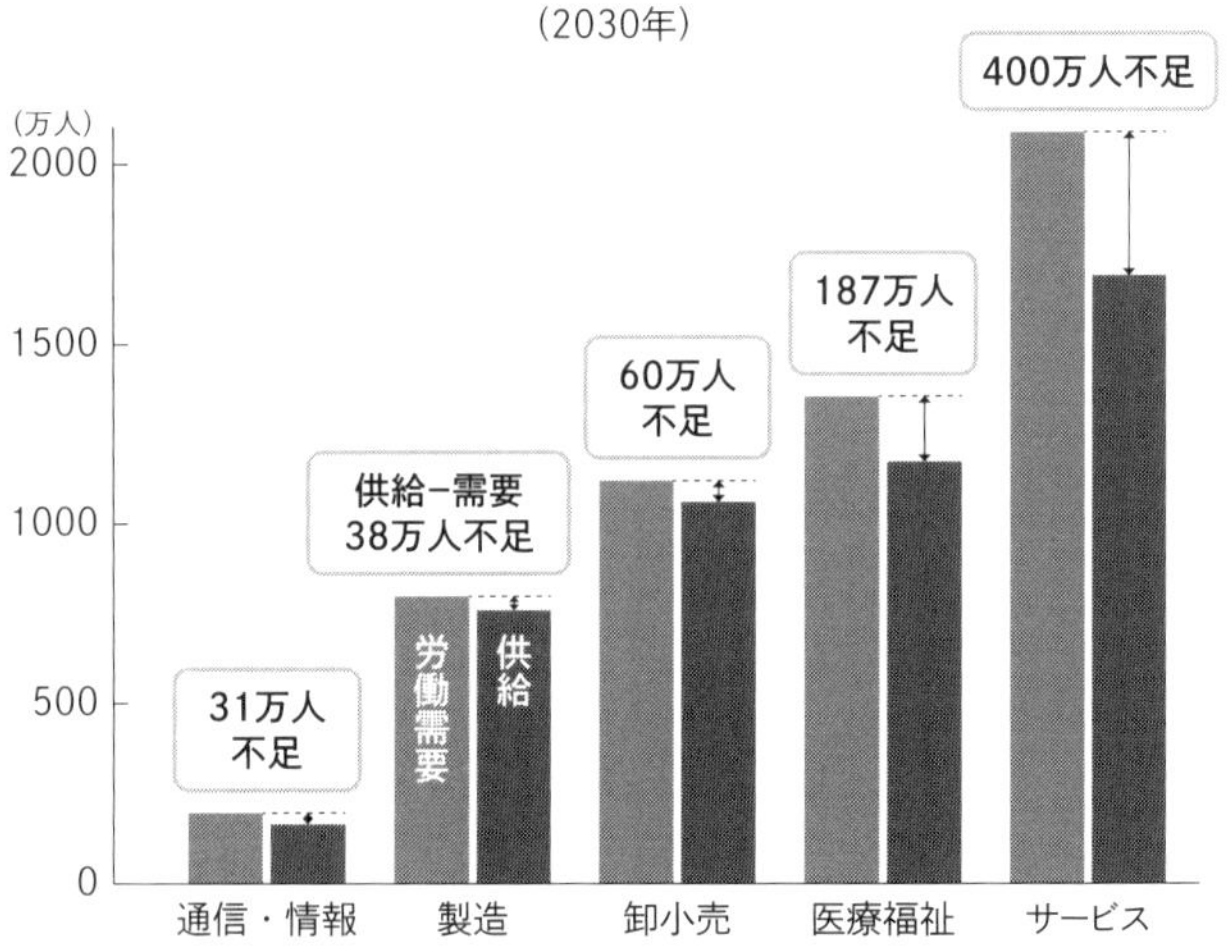


（注）パーソル総合研究所と中央大の推計から作成

人手不足の解決策は4つしかない。働く女性を増やす、働く高齢者を増やす、日本で働く外国人を増やす、生産性を上げる。今の日本は総じて踏み込みが甘い。

保育の受け皿は増えてはいるものの、まだ十分とはいえない。高齢者雇用は年齢を理由に差別されない労働市場づくりが課題。外国人労働者は日本人との処遇に格差があるなど「外国人に選んでもらえる国」にする取り組みが不十分だ。

人手不足で最も重要なのが生産性向上だが、これを後押しする労働市場改革はほぼ手つかずだ。

経済協力開発機構（OECD）の調査

によると、金融など日本で自動化される可能性が高い仕事に就く労働者の割合は7％。パーソルは自動化が進めば30年までに298万人分の人材を捻出しうると分析している。だが労働市場の流動性が乏しいため、今のままではこうした人材が自動化困難な介護などの仕事にシフトする労働移動はなかなか進まないだろう。

社会保障制度の改革もさながら牛の歩みだ。負担と給付の世代間格差を急いで是正しないと、現役世代は高齢者の医療・介護を支える負担がどんどん重くなっていく。

一定以上の資産がある高齢者の自己負担を引き上げると同時に、デジタル技術を活用して重複診療・検査を防ぐなど、医療費抑制を急ぐべきだ。

年金制度も欠陥を抱える。「100年安心プラン」と銘打った04年改革で盛り込んだ年金減額が進まず、このままだと将来世代の基礎年金が大きく目減りしてしまう。こうした課題が明らかになっているのに政府・与党は年金制度の改革になかなか着手しない。

目先の選挙を意識して改革の議論すらやめてしまう思考停止の期間が長すぎる。少子高齢化を克服する改革は時間との闘いだという認識をもっと強めなければならない。

少なくとも向こう数十年間の人口減少は確定的だ。国立社会保障・人口問題研究所の長期推計では53年には1億人を割り込み、2100年には6118万人と今と比べてほぼ半減する。

政府は子どもを持ちたい人の希望がすべてかなった場合の出生率1・8（希望出生率）を少子化対策の目標にしているが、仮に1・8を実現しても人口減が続くことに変わりはない。日本は人口減を前提とした社会を覚悟を持ってつくっていかなければならない。

## 2 カナダ、コロナ下でも移民40万人

首都オタワ北西の人口5万人弱の町、ティミンズ。ナイジェリア出身のエベラルド・カシマウナさん（41）が家族と移住し、動物病院で働き始めてから1年が過ぎた。「ちょっと寒いけど静かな町で、みんな親切なんだ」

カシマウナさんが利用した制度は、政府が2019年に導入した「農村部・北部移住パイロットプログラム」。職種・技能に応じて優先的な移住枠があった。母国で獣医師として

働いていたカシマウナさんは現在、カナダでも免許取得に励む。

## 成長に必要な人材を戦略的に選ぶ

カナダは21年、新型コロナウイルス禍でも過去最多の40万5000人の移民を受け入れた。出生率は1・40(20年)で、20カ国・地域(G20)で下から4番目。それでも人口増加率が上から4位なのは、カシマウナさんのような移民のおかげだ。

1867年、欧州からの移民によって建国されたカナダ。国家理念を象徴するのが、現首相の父ピエール・トルドー首相が1971年、世界に先駆けて打ち出した多文化主義だ。「カナダ人以外の市民はいない。公平に扱われるべきだ」。最大都市トロントの電話行政サービスは180超の言語に対応する。

移住が急拡大したのは出生率低下がきっかけだ。85年の議会特別報告書は「移民政策が今のままなら20世紀中に人口が減り始める」と訴えた。85年に8万5000人だった永住権取得者は87年に15万人へと急増した。

移民が増えれば摩擦は避けられないが、カナダは成長に必要な人材を戦略的に選ぶことで、移民を社会に不可欠な存在にした。学歴や専門技能、言語能力などで加点するポイン

**移民が人口を支える**

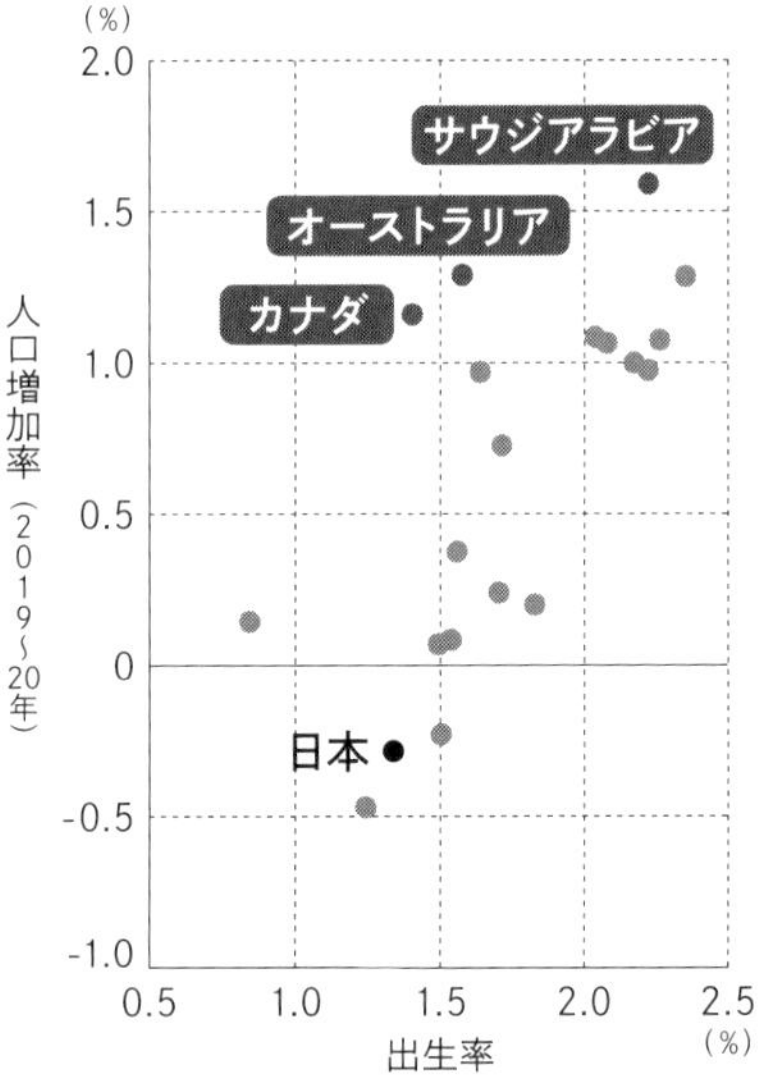


（注）G20の国・地域　（出所）世界銀行

ト制や、点数の高い永住権申請者を優先する「エクスプレスエントリー」などが代表例だ。

　カナダ産業審議会の試算では、現在の水準で移民を受け入れ続ければ36～40年にカナダの経済成長率は44％向上し、公的収入が500億カナダドル（約5兆3000億円）増える。

　いまや移民は総人口の2割に達した。移民への国民の反感は薄く、移民排斥を訴える極右政党も台頭していない。「カナダでは移民が多い郊外で支持を得なければ政権を取れない」（トロント大のフィル・トリアダフィロプロス准教授）

　隣国のトランプ前米政権がビザの発給停止など強硬な移民政策を繰り広げても、カナダは門戸を開き続けた。移民の目標は22年に43万1000人、23年に44万7000人と記録を更新する勢いだ。

### 世界の移民はこの30年で2倍近くに

カナダと同じ移民国家のオーストラリア。豪統計局によると20年7〜9月の人口は約１００年ぶりに減少に転じた。コロナ禍で厳格な入国規制を徹底したためだ。

豪政府は21年12月から留学生や技能労働者らの受け入れを再開したが、市民には複雑な感情が残る。21年11月の豪紙調査では「コロナ前より移民の受け入れを減らすべきだ」と答えた人は58％で「増やすべきだ」との回答は７％にとどまった。

世界の移民は20年に２億８０００万人と、30年間で２倍近くに増えた。移民労働者は先進国の成長の一端を担ってきたが、異文化とのあつれきは対立や排斥も生む。どこまで国の将来に必要な痛みとして受け入れるか。共生の覚悟が問われている。

## 3 韓国、出生率0・81の袋小路

2021年に1人の女性が生涯に産む子どもの推定数である合計特殊出生率が世界最低の0・81となり、人口減少が深刻化する韓国。18年の消滅危険度でワーストワンだった韓国の慶尚北道義城郡の農村に最近、都会育ちの若者が集い始めた。

### 全国の市郡区の約半数が「消滅危険地域」

若者を誘引するのは義城郡が19年に始めた破格の移住支援だ。若者に起業の機会と住宅、福利厚生をまとめて提供する。「今後は誰かではなく、私のために生きたかった」。金礼知（キム・イェジ）さんはソウルでの会社員生活をやめて、1億ウォン（約1000万円）の創業支援金を元手に地ビール工房を開いた。モデル地域の青年人口は18年比で35人増え、1000人を超えた。

南西部の全羅南道霊光郡は第1子出産時に500万ウォン、第2子は1200万ウォンと出産を重ねるほど増える祝い金を支給。出生率は20年に2・46と全国一を記録した。

手厚い出産奨励でも韓国全体の出生率低下に歯止めがかからない。韓国政府は20年までの15年間に少子化対策に225兆ウォンを投じたが、韓国統計庁は21年に5175万人の人口は70年に3766万人に減ると推計する。20～39歳の女性人口を65歳以上の高齢者人口で割った数が0・5を下回る「消滅危険地域」は21年に108と全国の市郡区の半数近くに迫った。

人口の過半が集まる首都圏も出生率低下が深刻だ。ソウルは0・63と全国で突出して低い。就職難や重い教育費負担で、結婚や出産をしない人が増えている。医師や弁護士、財閥社員――。韓国の家庭は子どもにエリートコースを歩ませようと、教育費を惜しまない。

義城郡で地ビール工房を開いた金礼知さん

### 教育費、所得上位と下位で10倍の格差

韓国労働パネル調査によると、高校

女性の家事負担が重い国は出生率も低い

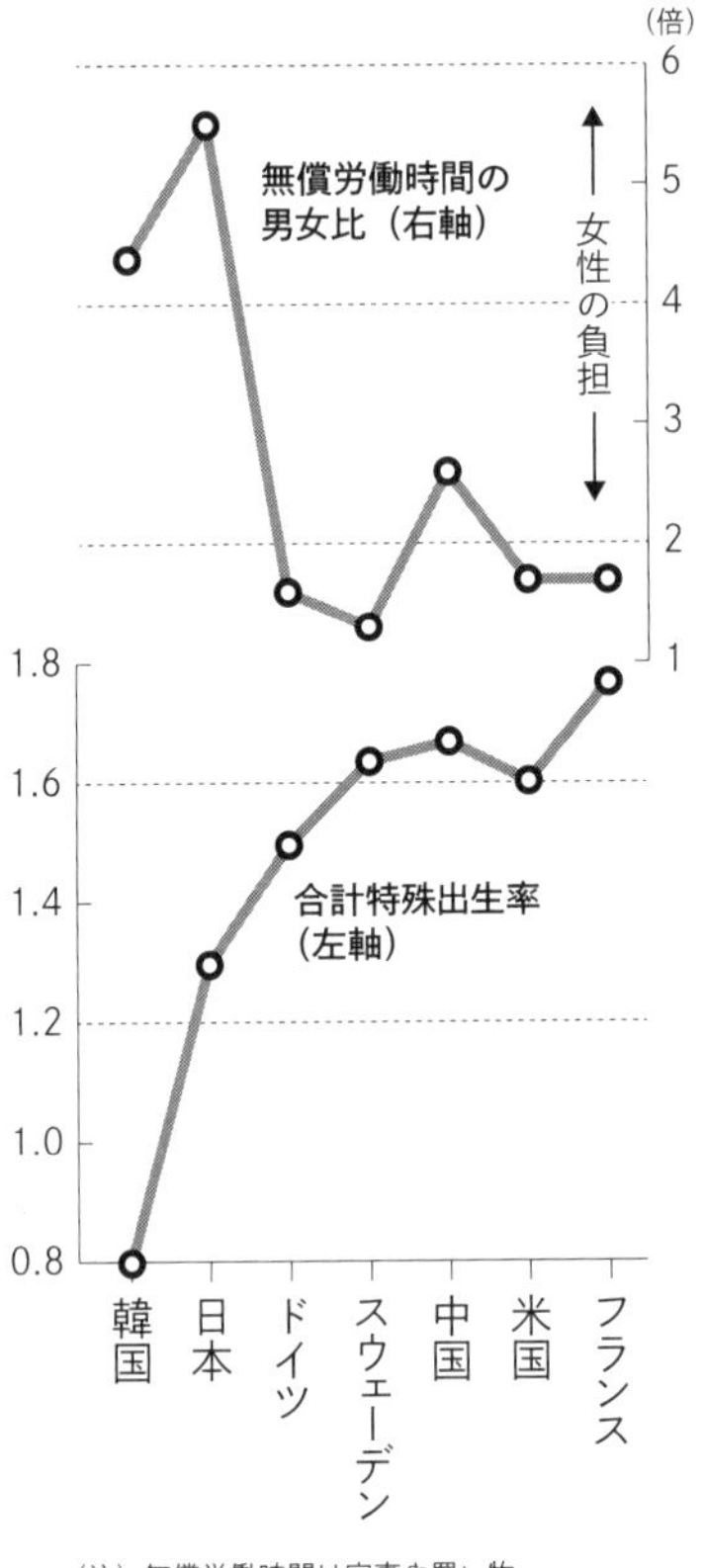


（注）無償労働時間は家事や買い物、世帯員のケアなどの時間
（出所）OECD

生以下の子どもがいる世帯の塾などの私教育費は20年、月平均63万ウォンだが所得上位20％の世帯は136万ウォンと、下位20％の世帯の10倍以上になる。名門大に入っても、希望どおり就職できるのは一握りだ。

韓国や日本、中国など出生率低下に直面するアジアの国々には共通点がある。職業観や家族のあり方などで伝統的な社会通念が根強く残り、自由に生きたいと願う女性の価値観と衝突する。

韓国では女性の社会進出が進んでも、家事や子育ては今も女性の役目だ。「夫と相談し、子どもを持たないと決めた」。大企業勤務の30代女性は語る。

経済協力開発機構（ＯＥＣＤ）によると、韓国の女性が家事などの無償労働に費やす時間は男性の４・４倍、日本は５・５倍に上る。出生率低下に歯止めをかけたフランスは１・７倍だ。世界経済フォーラムが男女平等の度合いをランク付けした22年の「ジェンダー・ギャップ指数」でも日中韓は１００位前後だ。

出産奨励策に偏った政策が限界を迎えた韓国政府は19年から省庁横断の「人口政策タスクフォース」を設置。人口減を前提に社会の再構築に着手した。検討テーマには女性の活用、事実婚など多様な家族のあり方を認める法改正も盛りこんだ。

破格の祝い金のような経済支援だけでは持続性はない。男尊女卑や学歴信仰、職業の貴《き》賤《せん》――。時代遅れの社会通念を変える覚悟がなければ、出生率改善と成長は両立できない。

## 4 シンガポール、人口より生産性優先

ガンガデビ・バラクリシュナンさん（29）は米決済大手ペイパル・ホールディングスのシンガポール拠点で、ソフトウエアのエンジニアとして働く。最先端のフィンテックへ転職の道を開いたのは、政府とペイパルのリスキリング（学び直し）のプログラム。「人工知能（ＡＩ）の知識も深めたい」と貪欲だ。

### 全国民をリスキリング　2万通りの講座、学習費用を支援

２０１４年に始まったシンガポールの「スキルズフューチャー運動」は、いわば全国民のリスキリング計画だ。25歳以上の男女に技能習得のための学習費用を支援し、対象のコースはデジタル技術から経営管理まで２万４０００を超える。

深刻な少子化への危機意識が背景にある。建国の父、リー・クアンユー元首相はかつて２０５０年を見越して警告した。「（移民なしでは）１・５人の労働者で１人の高齢者を支

シンガポール政府は駅前など人通りの多い場所でリスキリングのイベントを開き、国民の関心を喚起している

えなければならず経済が崩壊する」

1980～90年代の高度成長期は外国人の流入で低い出生率を補えた。だが「外国人に職を奪われた」との世論が噴出し、人口の3割弱を占める外国人の流入を絞る道を近年はとる。

こうなると中高年世代も含め、中の人を鍛えるほかない。シンガポールは生産性向上に賭けた。新型コロナウイルス下での渡航制限の影響もあって21年、外国人の数は147万人と前年比で10％減った。人口は初めて2年連続で減少した。それでも政府関係者に動揺は見られない。

学び直し運動は第2フェーズへと移

行した。コロナ禍でブレーキを踏むのではなくギアを一段上げたのだ。一律の助成金に加え個々の業種や職種に合った能力を育てようと、国内外の企業との提携プログラムを次々に立ち上げた。

**成長への伸びしろが限られるなか、各国は生産性底上げに悩む**
（1人あたり労働生産性）

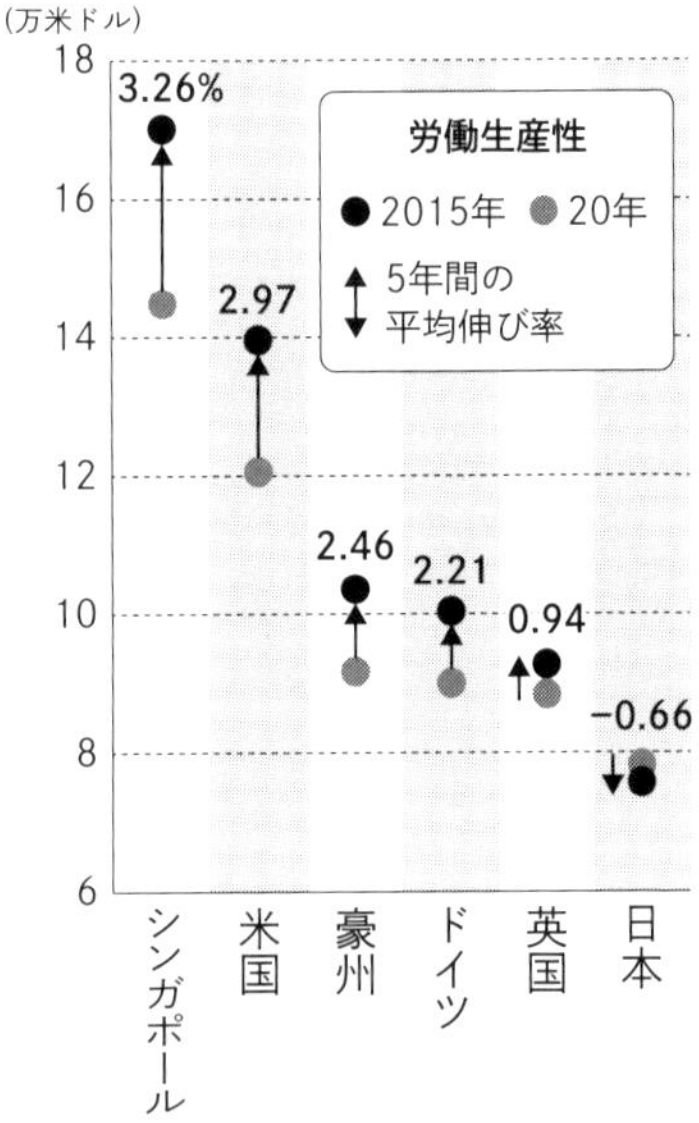


（出所）日本生産性本部資料などから試算

## マイクロソフト・シーメンス……内外企業と提携

提携先にはペイパルのほか米マイクロソフト、独シーメンスなど多くの有名企業が名を連ねる。短期間でここまで民の力を学び直しに巻き込んだ例は少ない。

2021年に支援を受けた人々は約66万人に達しており、その数は外国人を除く生産年齢人口の4分の1にあたる。「人の潜在能力は教育と訓練で最大化することはできる」。リー氏の助言はいま輝きを増す。

シンガポールの1人あたりの労働生産性は20年時点で約17万ドルと、15年以降の年平均で見ると増加率は3％ほどだ。国内総生産（GDP）がすでに高水準の国や地域にとって、さらなる高みを目指すことがいかに難路かを物語る。

1人あたりGDPで世界トップレベルのルクセンブルクも労働生産性が思うように伸びない現実に直面し、巻き直しに動く。国として先端スキルの習得を支援するプロジェクトを走らせ、20年以降は初中等教育でデジタル技術を学ぶカリキュラムを取り入れた。歩みを止めるつもりはない。

人口減とそれを起点にした成長の鈍化という未来が日本を含め先進国に迫る。縮小均衡の現実に甘んじれば国も人も前には進まない。デジタル化で産業構造を変え、同時に成長を縛る規制も緩める。学び直しを通じて人材の可能性を引き出す。

世界の事例を見渡せばとるべき選択肢はまだ多く残っている。

## 成果を上げた国の対策は

人口減少が加速するなか、対策に乗り出し成果を上げている国がある。少子高齢化や労働力不足にどう対抗するのか。各国の専門家に聞いた。

### 子どもへの投資は、国の将来への投資

**リビア・オラー氏●ストックホルム大学准教授**

――スウェーデンは1930年代、深刻な出生率の低下に直面しました。

「世界的な不況だったとはいえ、当時の出生率は1・7とかつて経験したことがないほど低かった。誰もが答えを模索するなか、脚光を浴びたのが1934年にグンナーとアルバ・ミュルダール夫妻が出版し、出生率を再び高めるためにどうすべきか示した『人口問題の危機』という本だ」

――ミュルダールのどんな主張が画期的だったのですか。

「当時は多くの女性が働くようになり、それが少子化の原因になっているとみなされ

ていた。働く女性が仕事を辞めず出産しないことを問題視し、出生率低下の責任は女性にあるとされた」

「ミュルダールはこれを覆し、働く女性が子どもを産み育てるのが難しい社会の方に問題があると主張した。子育ての責任やコストは社会全体で負うべきで、政府は補助金を投入し、質の高い公的な保育サービスを提供すべきだという考えだ。未来の労働者である子どもに投資するのは、国の将来への投資とみなした。これは現代のスウェーデンの家族政策の礎だ」

——出生率の向上に影響を与えた政策はありますか。

「1971年、家族ごとに課税する制度から個人ごとの課税制度に変えた。性別や婚姻状況にかかわらず、すべての人が自らの分の税金を払うことになり、既婚女性も自分の所得を持とうというインセンティブが働いた」

「多くの女性が働きだしたため、出生率はいったん落ち込んだ。政策立案者はミュルダールの提案に立ち返るべきだと考え、70年代に公的な保育制度を構築し始めた。2002年にはマックス・タクサという制度を導入し、親が払う保育料に上限を設けた。第1子の場合、世帯収入の3％までと決まっている」

――男性の育児参加も重要です。

「世界に先駆けて男性も取得可能な育児休業制度を1974年に導入した。95年には育児休暇の一定割合を父親と母親のそれぞれに割り当てる制度を導入し、父親の育児参加を高めるきっかけになった。父親の休暇は母親に移すことができず、父親に割り当てられた休暇の消化を促した」

「この制度があるため、雇用主は父親も育児休暇を取らざるを得ないと理解する。いまや男性も雇用主と育休の取得交渉をするようになり、女性の職場での立場が良くなる。これは労働市場が男女平等を実現するための重要なステップにもなる」

Livia Olah
社会学、人口学が専門。家族政策にも詳しい。2006年からスウェーデン・ストックホルム大学の准教授。ハンガリー生まれ。

## 移民受け入れ、世界中の頭脳を獲得

**ドン・カー氏●ウェスタン大学キングスユニバーシティカレッジ教授**

――カナダはどのように移民大国となったのですか。

「1960年代に（移民を学歴などで数値化して選抜する）ポイント制度へ移行した

のが転換点の一つだ。それまでは家族を連れて移住する連鎖移民が多かったが、67年に移民の教育・職業スキルを重視した選定基準に変更した」

「移民の送り出し国は欧州から世界各地に分散し、カナダは文化的に極めて多様な移民社会になった。70年代にはカナダはもはや英国とフランスの二文化主義でなく、多文化主義の国であると表明した」

――移民の受け入れは定着しましたか。

「重要な転換期が80年代だ。80年代後半から90年代初頭にかけて、進歩保守党政権下で長期的に移民を受け入れるコミットメント（約束）を確立した。それまでは移民受け入れ目標を経済状況に応じて変えていたが、90年代初めの不況や2008～09年の不景気で失業率が上昇しても高水準の受け入れ目標を維持した」

――多くの移民を受け入れることに反発はなかったのですか。

「驚くべきことにほとんど反対の声がでなかった。1960年代のポイント制導入はリベラル政権下で実現したが、80年代から90年代にかけて高い移民の受け入れ目標を設定したのは進歩保守党政権だ。ほとんどの政党は移民受け入れに賛成だ。5人に1人が外国生まれのカナダでは移民票を失うのは得策ではない」

――なぜうまくいったのでしょうか。

「移民の多くは経済移民で、カナダ生まれのカナダ人よりも教育レベルが高く、犯罪率が低く健康的だ。これは移民を選別しているからだ。カナダは世界中の国々の頭脳流出の恩恵を受けている。特に注目すべきは移民2世だ。彼らは良い教育を受け、労働市場でも高く評価されることが多い。最大都市トロントでは市民の4人に3人が移民かその子どもだ」

――移民受け入れの課題は何ですか。

「移民が社会に溶け込むには時間がかかる。『このスキルを持った移民がほしい』と思っても数年後には労働市場が変わっているかもしれない。連邦政府は州政府と協力し、地域の短期的な労働力ニーズを把握し、特定のスキルの需要に迅速に対応している。どの分野で人手不足が起こりうるかを把握し、特定の移民をファストトラックで確保する仕組みがある」

「最近重点を置いているのが外国人留学生だ。カナダで教育を受けた移民は、カナダの労働市場へ適応しやすい。新型コロナウイルスのパンデミック（世界的大流行）もあり、外国人留学生を将来の有望な移民候補として見る傾向はますます強まっている」

Don Kerr
カナダ・ウェスタン大学キングスユニバーシティカレッジの教授。人口学者。1992～2000年にカナダの中央統計機関であるカナダ統計局で勤務した。

## 中高年こそリスキリング、政府が主導

**マヌ・バスカラン**氏●センテニアル・アジア・アドバイザーズCEO

──シンガポールはどのように生産性を高めてきましたか。

「故リー・クアンユー氏が首相だった1980年代から、生産性の向上が必要という議論はあった。しかし、実際には外国人労働者の安価な労働力の受け入れに過度に依存したために、建設や飲食など多くの業界で生産性は十分高まらなかった。経済成長を生み出す要素の労働力、資本、生産性のうち、労働力の増加に頼りすぎたことで、経済や産業の構造改革が遅れた」

「2020年以降、新型コロナウイルスの感染拡大で移民の受け入れが難しくなり、人口が減少に転じたことは、こうした構造を見直す良い機会となった。生産性の低い業界から高い業界へ、同じ会社の中でも生産性の高い仕事へ人材を再配置することが

国全体の課題になっている」

――シンガポール政府は国民のリスキリング（学び直し）を強化しています。

「正しい取り組みで、さらに拡充すべきだ。人工知能（ＡＩ）やロボットだけでなく、医薬やエネルギーなどあらゆる産業で技術革命が起きており、その変化の度合いは将来さらに大きくなる。生涯学習が必要な中高年世代にアクセスしやすいリスキリングの機会を、政府主導で提供することは望ましい政策だ」

「難しいのはリスキリングが効果を発揮し、社会全体で人材の再配置が進むのに5～10年程度の時間がかかることだ。長年同じ職場で働いてきた多くの中高年労働者にとって、リスキリングで習得できる技能には一定の限度があるという現実も受け入れなければならない。社会のセーフティーネットを同時に整備しないと、技術革新についていけない下層階級をつくることになる」

――「外国人に職を奪われる」と不安に感じる国民が増えています。移民政策はどうあるべきでしょうか。

「生産性の向上を促す意味でも、低賃金の外国人労働者の受け入れを減らし、移民全体の数も絞るべきだ。一方で高度な技能を持つ人材は足りておらず、有能な外国人材は今後も歓迎すべきだ。都市国家としてニューヨークやロンドンなど世界の大都市と人材獲得を競い合っており、手をこまねいていれば経済の競争力が低下するだけでなく、社会の多様性も確保できなくなる」

――人口の増加が期待できないなかで、それ以外に必要な政策は。

「シンガポールは最低賃金制度がなく、これが中小企業の生産性が低い一因になっている。最低賃金の導入は中小企業への打撃が大きいとの意見もあるが、段階的に最低賃金を引き上げ、激変緩和措置も同時に実施すれば悪影響は緩和できる」

**Manu Bhaskaran**
ハーバード大学ケネディスクール修了。官僚、証券会社のエコノミストを経て、アジア経済を分析するセンテニアル・アジア・アドバイザーズの最高経営責任者（CEO）に就任。

特集

# 縮小の危機　あらがう国々

20世紀の人口爆発から一転し、世界は今世紀半ば以降、人口減少に直面する。人口は経済や社会、軍事などあらゆる分野の土台となってきたが、この構造は大きく揺らぎかねない。「縮む国家」という現実にどうあらがうのか。出生率低下や教育費の負担増など構造変化を示すデータを検証し、選択すべき政策手段を探る。

## 2036年に出生率が人口維持の水準を下回る

世界各国・地域にとって歴史上の大きな誤算となったのは、出生率の低下だろう。

1950年代から70年代前半まで、世界平均の合計特殊出生率は4を上回っていた。単純計算すると「ひと世代で人口が2倍に増える」と予測可能な時代だった。多くの国・地域は人口拡大を当然のものとしてとらえ、国づくりを進めてきた。

世界の出生率の分布と変遷を見ると1950年時点では、アフリカや南米諸国などで出生率は6～8。米国や日本も当時は3を上回っていた。

出生率、止まらぬ砂時計

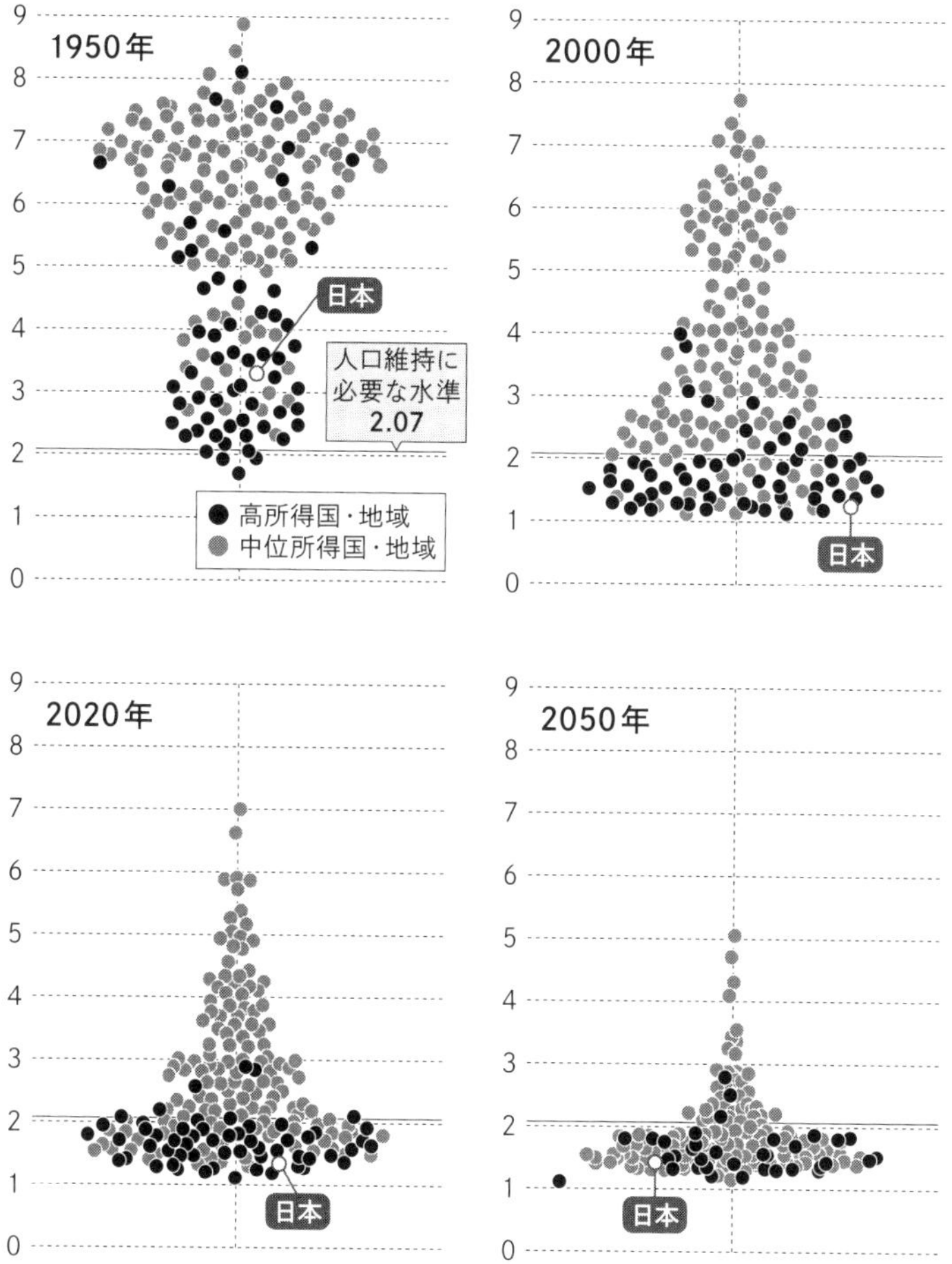


(注) 各国・地域の合計特殊出生率　(出所) ワシントン大中位シナリオ、世界銀行

世界的なベビーブームは70年代前半まで続き、72年には人口爆発による資源枯渇や環境汚染を警戒し、「成長の限界」と題する報告書をローマクラブが発表した。「21世紀の世界は人口爆発に苦しむ」。誰もがそう予期した。79年には中国で一人っ子政策が始まる。

だがこのシナリオは大きく崩れる。先駆けとして位置づけられるのは日本だ。高度経済成長を遂げた70年代に出生率が2を割り込み、少子高齢化社会のトップランナーとなった。ほかの先進国も日本に続く。女性の社会進出などを受けて出生率は下がっていき、2000年に入ると出生率のグラフ上の重心は1～3付近へ移っていく。

2022年時点では、高所得国・地域の出生率は平均で1・7、世界全体では2・3まで下がった。今の人口の規模を維持するために必要な出生率は「人口置換水準」と呼ばれており、その数値はおおむね2・07程度とされる。現在、先進国を中心に約90カ国・地域、全世界で見るとおよそ半数の場所でこの水準を下回る。もっとも、南米やアフリカ、アラブ諸国では出生率はなお高く、移民の送り出し国となっている。

将来の人口動態を巡っては、米ワシントン大が長期予測を出した。この予測の中の「中位シナリオ」に基づけば、2030年代には現在の発展途上国でも急速に少子化が進む。36年の時点で、世界全体でみたときの出生率は置換水準の2・07を下回る。50年時点ではほぼすべての国・地域で置換水準に届かなくなる。

50年時点での予測で世界全体の平均出生率は1・87だ。大多数の国・地域の点が1〜2の間におさまり、出生率が2を超すのは、オセアニアの島国や中央アジア、アフリカのサブサハラ（サハラ砂漠以南）などごく限られた地域と見込まれる。

さらに50年後の2100年には世界の出生率は1・66まで下がると予測される。米ワシントン大は報告書で「世界人口は容赦なく減少する」と指摘した。そのうえで中位シナリオに基づけば、2100年までに日本やタイ、スペインなど23カ国で人口が現在の水準から半分以下になると分析した。

もちろん、すべての可能性が閉ざされたわけではない。報告書は「リベラルな移民政策や女性を支える社会政策を推し進める国では、将来的に人口が維持できる」とも結論づけた。人口減少の大きな流れにどうあらがうか。世界各地で本気の試行錯誤が始まった。

## 膨らむ教育費、公的支援が要

各国・地域を悩ます課題に教育費がある。根強い学歴志向などを背景に子どもにかける教育の費用が膨らむためだ。出産をためらう夫婦が増え結果として出生率を押し下げる要因にもなる。女性の出産や仕事との両立支援策に加え、教育費への手厚いサポートの重要度が増す。

英HSBCによると、小学校から大学卒業までにかかる平均費用は、香港が13万2000ドル（約1800万円）で最も高い。1人あたり国内総生産（GDP）比では290％に達しており、極めて低い出生率1・05（2019年時点）の要因にもなっている。シンガポールでも教育コストはGDP比で120％という水準で、出生率も1・14と低い。

公的支援の積み増しは打開策の一つ。経済協力開発機構（OECD）によるとフランスは18年、GDP比で5・2％相当の教育関連支出を予算に盛った。ノルウェーや英米はGDP比で6％超を拠出する。一方、日本の教育関連支出は約4％で先進国では低位に沈んだままだ。

## 教育負担が大きいと出生率も低下傾向

(円の数字は合計特殊出生率)

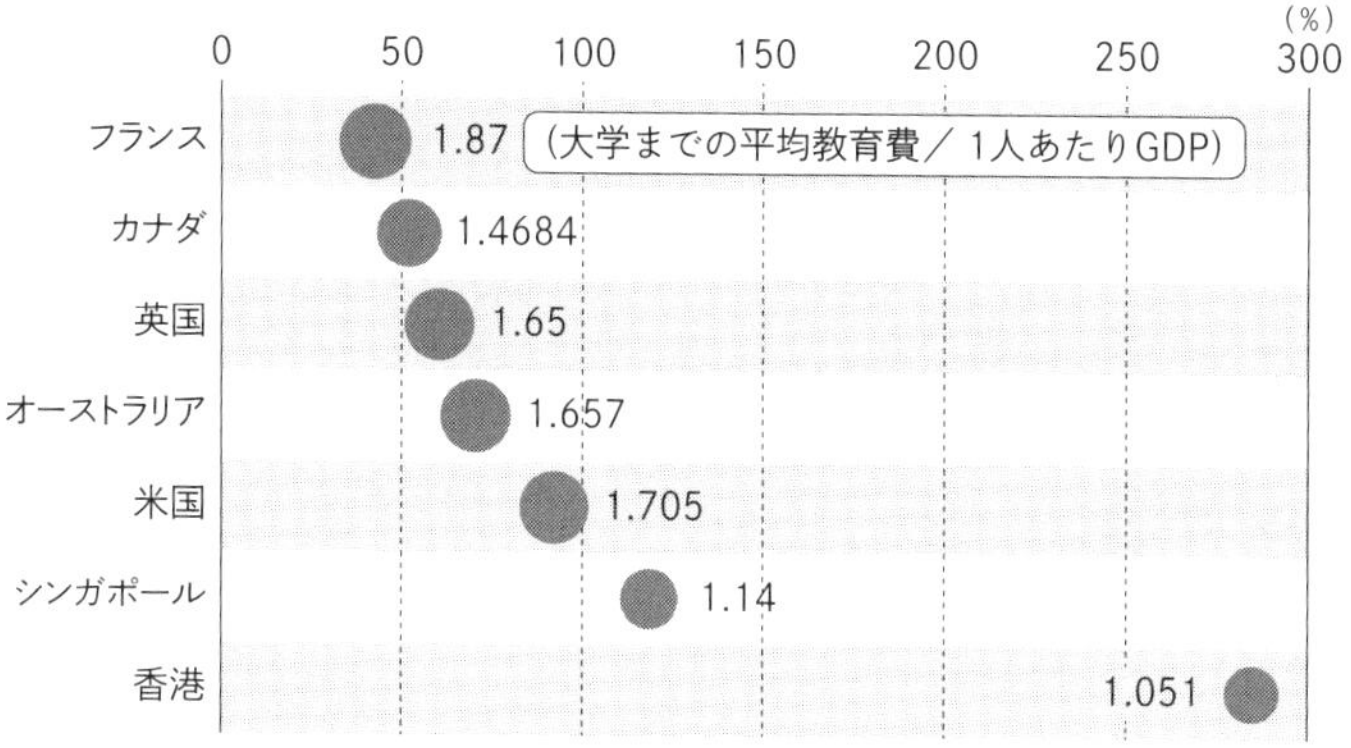


(出所)英HSBCと世界銀行資料から日経作成

## 日本は移民に否定的な意見が多い

「仕事が少ないときには移民より自国民に仕事を優先すべきだ」への回答

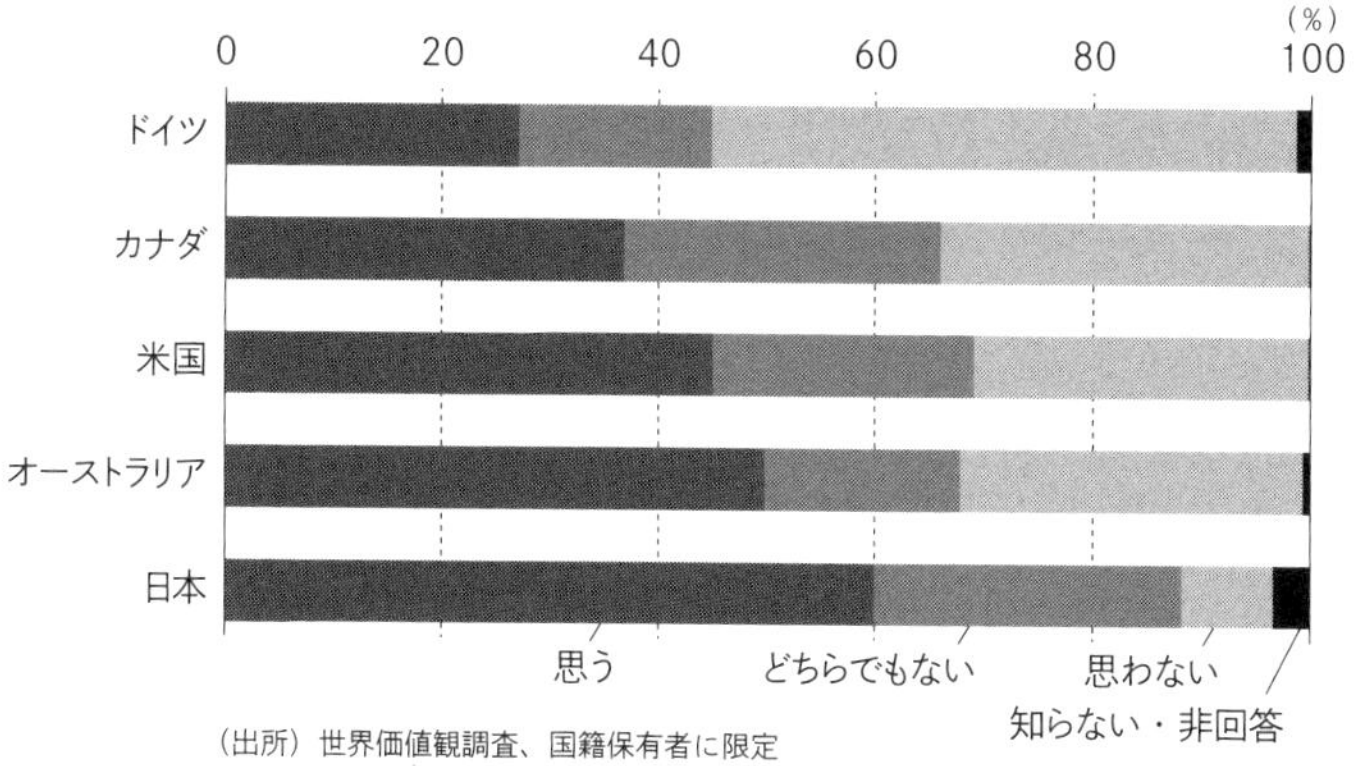


(出所)世界価値観調査、国籍保有者に限定

## 移民受け入れ、じわり開く扉

出生率低下という現実に直面しながらも人口を維持し、成長を続ける国もある。代表例はカナダだ。足元での人口増加率は年1％で、先進国の中で高い水準を誇る。カナダは1971年に多文化主義に転換した。ここ最近は新型コロナウイルス禍の影響を受けても人口流入が続く。

欧州でも移民の積極受け入れにシフトした国がある。ルクセンブルクは海外生まれの男女が今では人口の47％を占めており、比率は2000年の33％から大幅に上昇した。ノルウェーやフィンランドは20年間にその割合は2倍以上に膨らんだ。

日本では在留外国人の男女の比率は約2％にとどまり、2000年からの変化は乏しい。

受け入れ姿勢を巡っては国際プロジェクト「世界価値観調査」（17～21年）がある。調査では「仕事が少ないときは移民より自国民に仕事を優先すべきだ」との意見へ見方が問われた。「思わない」という回答が多いほど移民受け入れに前向きな見方が多いと解釈できる。

日本では「思わない」と回答したのは8・5％だった。米国やカナダ、オーストラ

GDPに占める企業の能力開発費
（5年間の平均、OJT除く）

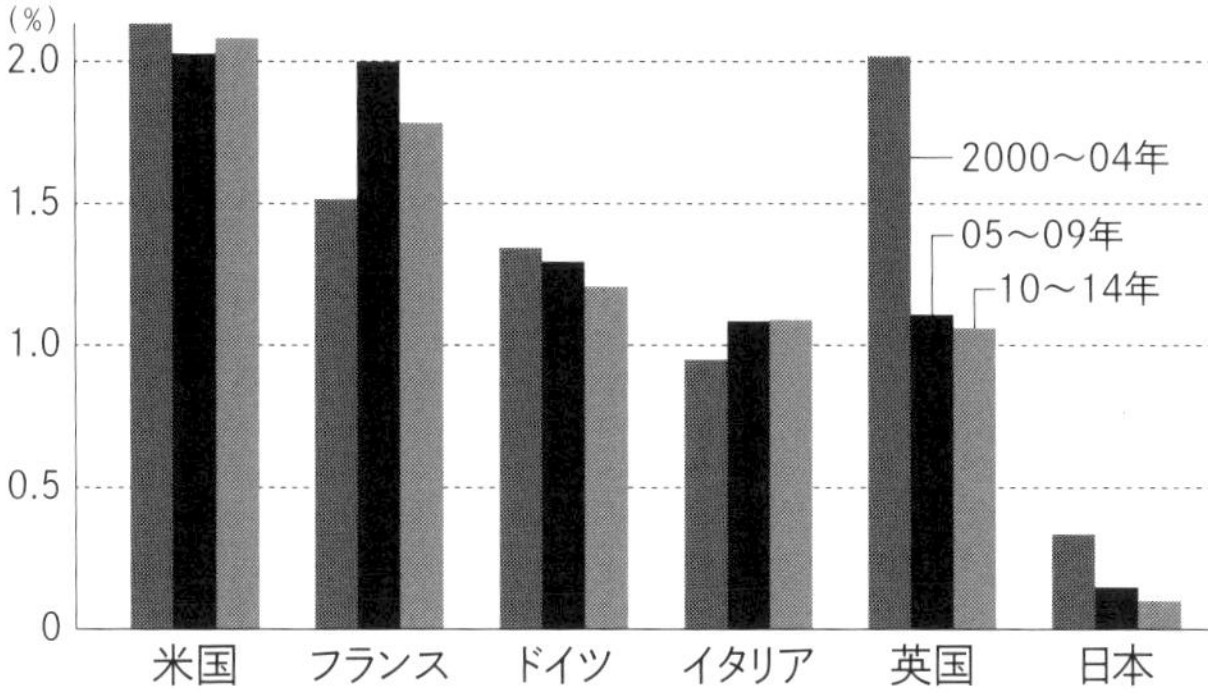


（出所）厚生労働省

リアでは3割台で、移民排斥を訴える極右政党が一時台頭したドイツでは5割を超した。

## 学ぶ大人で「穴」を埋める

子どもの数が減る時代にあって、各国・地域が競い始めているのが学び直しの支援だ。すでに労働市場に入っている成人を対象に、時代に合った新しい技術や知識をアップデートしてもらうことで、社会全体の生産性を底上げする狙いからだ。

欧米では社会人が大学などで学び直す「リカレント教育」が普及。OECDなどのデータによると、修士課程に入学する30歳以上の割合が英米では約4割に達している。

日本は10％を下回り、大学など既存の学びの場をビジネスに生かしきれていない実情が浮かぶ。多くの企業に終身雇用をはじめとする日本型雇用慣行が残り、いちど仕事を離れることへの難しさが浮き彫りになっている。岸田文雄首相は「人への投資」を訴え、経済対策などを通じ社会人の学び直しを後押しする方針を打ち出した。政策効果がどう数値として表れてくるかは注視が必要だ。

データを読み解くと、日本では企業内で社員が学ぶ機会も海外に比べ見劣りする現状がある。

企業が社員などに提供する能力開発費は、2010～14年の平均値で日本はGDP比で0・1％。10年前に比べ3分の1の水準まで縮んだ。米国では2・1％、フランスやドイツも1％台と高い水準を維持しており、技術革新への素地を育んでいるといえる。

移民受け入れと学び直し。少子化を補うはずの2つの策に日本は後ろ向きと映る。「国家縮小」に備えてもがく世界の先進例に学ぶべき点はなお多い。

# 5章

# わたしの選択

# 1 「まず結婚」が招く少子化

子どもを産むか、産まないか——。そんな一人ひとりの選択が積み重なった結果が、現代の少子化社会だ。個人の選択に社会の制度や価値観が与える影響は大きい。世界で人口減少にあらがう国の多くは、多様な生き方を認め、世の中全体で助け合う寛容な社会をつくろうとしている。

## 多様さ認めるデンマーク、家族の形を37種類に分類

デンマークの人口統計では家族の形を37種類に分類する。子どもからみた家族形態は夫婦同居・夫の連れ子同居・妻の連れ子同居など多様だ。配偶関係も異性同士の法律婚だけでなく、同性法律婚・登録パートナーシップなど5種類ある。

コペンハーゲン在住の看護師クリスティーネさんは、警察官の夫、子ども3人と暮らす。子の1人は夫婦の実子で、残る2人は夫婦それぞれの過去のパートナーとの子だ。

## 家族形態別にみた子ども数

(デンマーク、2022年)

| | |
|---|---|
| 法律婚(異性) | 82万270人 |
| シングル(女性) | 23万398人 |
| 非法律婚(カップルの実子と同居) | 21万9890人 |
| シングル(男性) | 4万5238人 |
| 同棲(2人の実子ではない子どもと同居) | 3万8704人 |
| 法律婚(同性) | 1931人 |
| 登録パートナーシップ(同性) | 1010人 |

(注) デンマーク統計局

夫妻ともに最初のパートナーとは結婚しなかったが「法律婚はさして重要ではなかった」(クリスティーネさん)。子どもに関する手当や保育サービスは家族形態と関係なく受けられるためだ。

パートナーと別れても関係は続く。クリスティーネさんの子、ニコライさんが15歳のとき、教会で信仰を誓う儀式に出席。ニコライさんの実父や配偶者ら多くの「家族」が集まり成長を祝った。夫婦は過去のパートナーと頻繁に連絡し、子どもの教育や進路を話し合う。

夫婦関係を解消しても父母は子どもを扶養する義務を負う。京都ノートルダム女子大の青木加奈子准教授は「ライフス

## 出生率が高い国は婚外子割合も高い

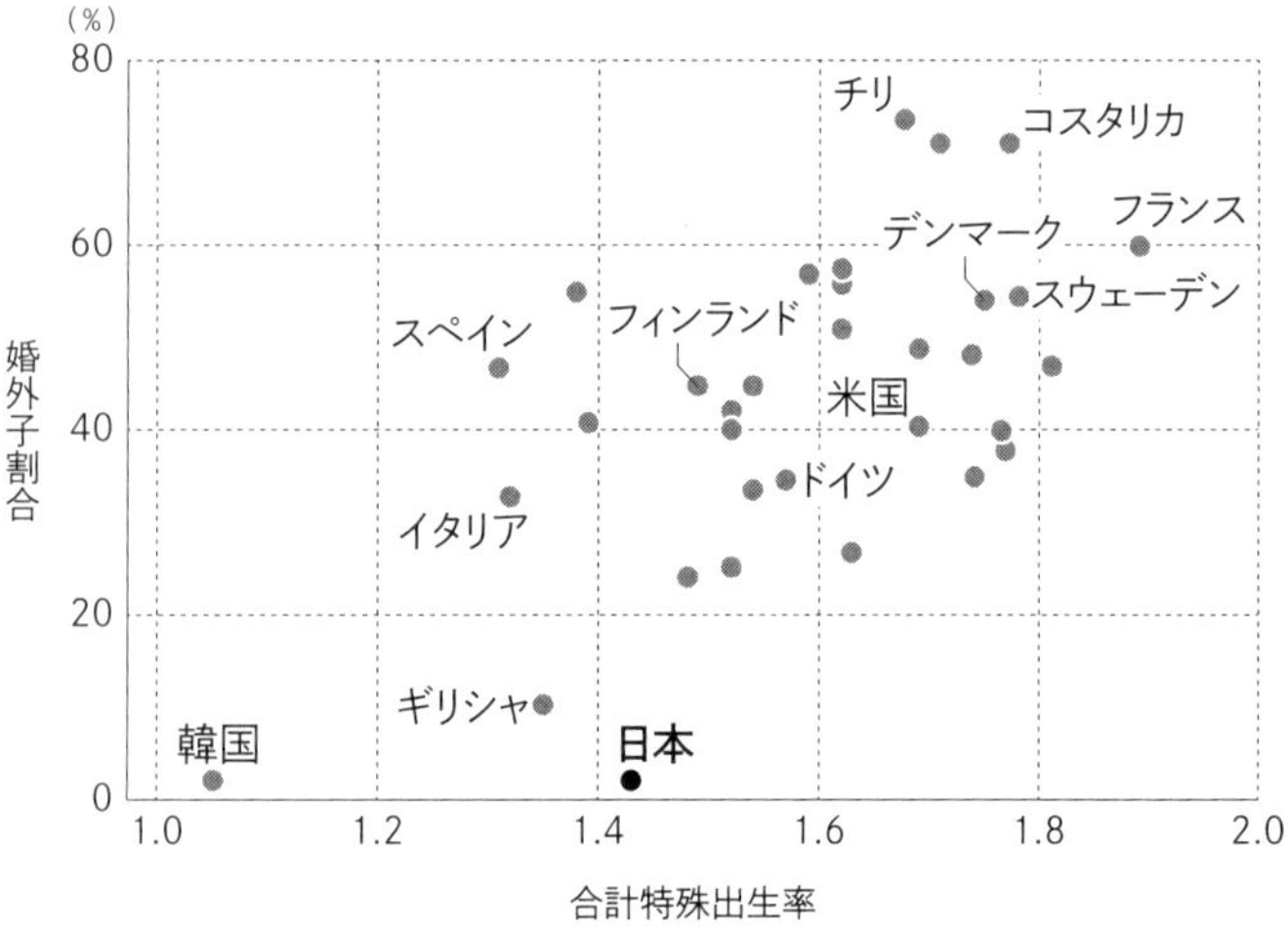


（注）2017年。OECD各国で出生率が2以下の国。OECD・世銀

タイルの多様化に対応しつつ、未来を担う子どもの視点で支援制度が見直されてきた」と指摘する。

多様な家族を認める社会は、親子のあり方にも寛容だ。「伝統的家族主義が弱い国ほど出生率が高い」と大妻女子大の阪井裕一郎准教授は分析する。家族の多様化を示す1つの指標は、結婚していない男女から産まれた「婚外子」の割合だ。

事実婚やシングルマザーなど様々な親子がいるが、婚外子の割合が高いほど家族のかたちにかかわらず子どもを産めるといえる。低いほど伝統的な家族観に基づき、結婚と出産の結びつき

婚外子割合は日本以外で上昇

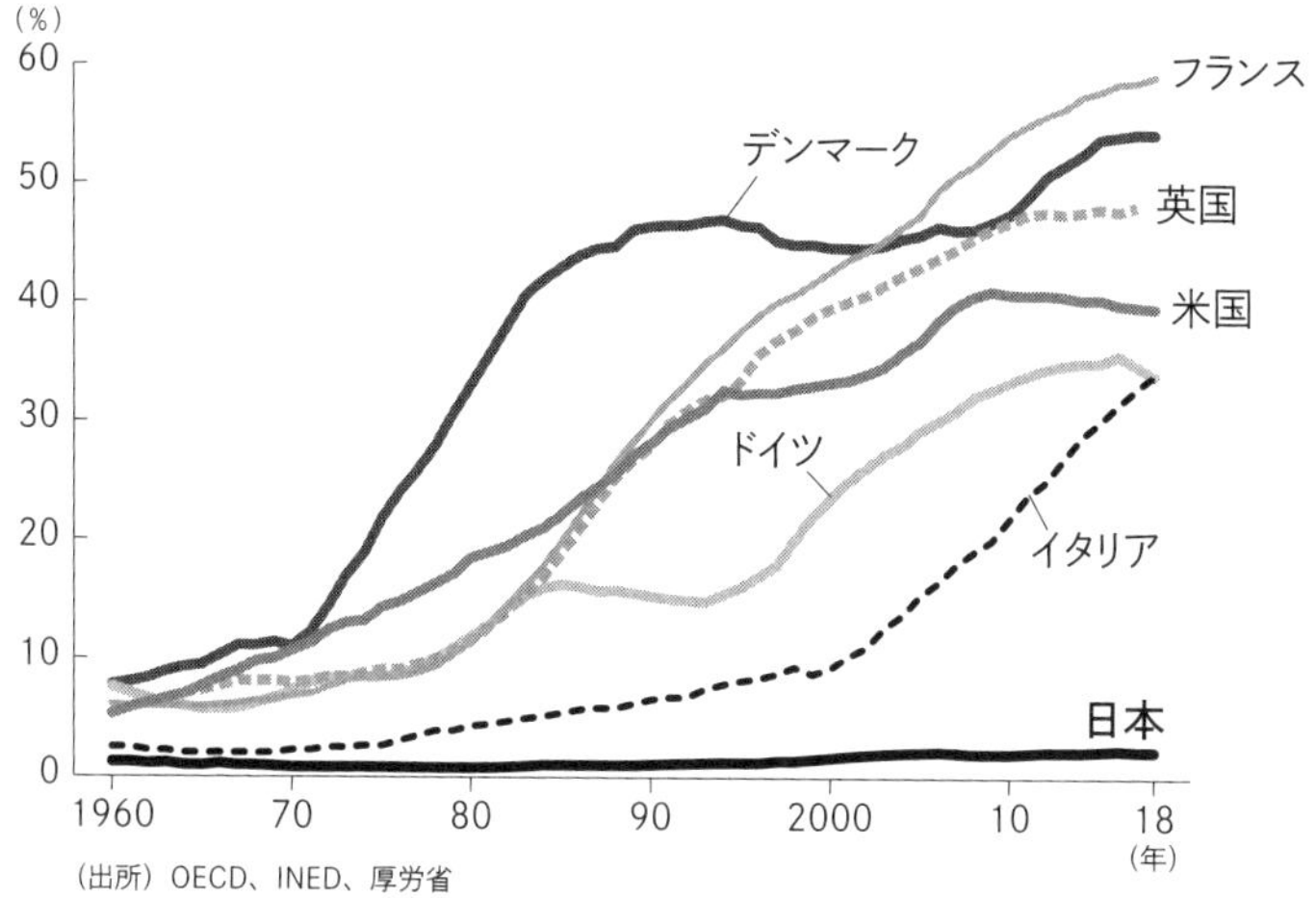


(出所) OECD、INED、厚労省

が強い。

デンマークやフランスの婚外子割合は1960年に10%を下回っていたが、2017年時点で5割を超す。ほとんどの行政サービスは法律婚と男女の同居を区別せず、出生率も1・7超だ。

日本の婚外子割合は2%強と韓国と並び最も低い水準だ。伝統的家族観から多様化が進まず、広がったのは未婚化だった。日本で配偶者がいない50歳代は3割を超す。出生率は回復せず、21年の人口は64万人減った。

6歳の息子と夕食の準備、遊園地に家族旅行――。スウェーデンに住む中村光雄さん（通称みっつん）は、そんな家族の日常を動画投稿サイト「ユーチューブ」で発信する。チャンネルの登録数は19万人に達する。

人気の背景は中村さん家族にパパが2人いることだ。中村さんのパートナーはスウェーデン出身の男性、リカルド・ブレンバルさん。息子は米国のサロガシー（代理母出産）で授かった。「スウェーデンではどのような家族も平等に生活できる」と中村さんは話す。

## 性的少数者を受け入れる国、GDP上昇も

性的少数者の国際支援組織ILGAによると、北欧や米英、ドイツなど多くの先進国が同性カップルの養子受け入れを認めている。日本は主要7カ国（G7）で唯一、同性パートナーシップを認める国の制度がなく、特別養子縁組も婚姻関係のある男女に限られる。同性婚を認めれば少子化がすぐ改善するわけではないが、誰もが住みやすい社会は成長の源だ。

米マサチューセッツ大学アマースト校のリー・バジェット氏らは、性的少数者を受け入れる社会を測る8段階の指標をつくり、132カ国を分類。1ポイント上がると1人あたり国内総生産（GDP）が約2000ドル上昇する関係があったという。

子どもを産みにくくする旧来常識は婚姻だけではない。家事の負担を巡る男女間の不平等、キャリアと子育ての両立、多様な生き方を抑圧する風潮――。当たり前を問い直し、家族観と制度をアップデートしなければ、深刻な少子化から抜け出すヒントはつかめない。

## 国別編 1

# デンマーク　子への義務、制度で厳格に

家族の多様性を認める国は出生率も高いことが知られている。代表例が北欧のデンマークだ。家族の幅広いあり方を認め、それを支える自由と責任が国の制度として確立している。

経済協力開発機構（ＯＥＣＤ）によると、デンマークで産まれた子どもに占める婚外子の割合は２０１７年に54・２％と半数を超す。２・２％の日本とは大きな違いだ。

子どもが生まれてから結婚したり、法律婚によらないパートナーシップを選択したりと、それぞれの事情に合わせて人生を選択する。国の制度もそれを前提に設計されている。合

### デンマークの家族政策

**父子関係の確立**

- 結婚していない場合、父親はデジタル申請登録をする

**父親の主な権利義務**

- 子どもの世話をする責任
- 子どもとの面会
- 互いに相続する権利
- 子どもは父親の姓を持つことができる

**養育費**

- パートナーシップ解消後も養育費を支払う
- 支払いがなされない場合、行政機関が親に請求する場合も

計特殊出生率も17年時点で1・75と日本の1・43を上回る。

「様々な家族のかたちに対応するため、デンマークでは子どもの養育に対し原則、生物学上の両親が最終責任者であることが明確に決められている」。同国の家族制度に詳しい京都ノートルダム女子大の青木加奈子准教授は指摘する。

結婚しているかどうかにかかわらず、父親には親としての責任がある。結婚していない場合はオンラインで父親登録をする。父母のパートナー関係が終わり、子どもと別居しても親は子どもの生活を支えるため、養育費の支払いや定期的な面会をする。養育費については税金の控除制度のほか、行政機関が代わりに前払いし後に親に請求するといった仕組みもある。

婚外子割合は家族の多様性を示す指標といえる。人口学によると、先進国では婚外子割合と合計特殊出生率に相関がみられる現象が１９９０年代以降続く。スウェーデンやデンマークなどは婚外子割合が高く、出生率も高い。南欧諸国やドイツ、日本は逆だ。

多様な家族を認める社会では婚外子割合が結果的に高く、出生率も高まる可能性がある。逆に社会が想定する家族のかたちが画一的だと、それ以外の子どもを持ったとたんに支援の網をすり抜ける。その結果、子を持つのをためらわせる風潮をつくりかねない。

国立社会保障・人口問題研究所の２０２１年の調査では、日本の30〜34歳の未婚男性の27・２％、同女性の20・４％が「一生結婚するつもりはない」と答えた。同割合は約20年前の02年調査に比べ男性で19・９ポイント、女性で11・９ポイント上昇した。

「いずれ結婚するつもり」は男性で70・８％、女性で77・５％と多数派ではあるが、約20年間で男性は13・０ポイント、女性は７・６ポイント低下した。

日本で「結婚離れ」が広がっているのは経済的要因など様々な背景があるが、多様なニーズやリスクを受け止められない社会と制度がその一因となっている可能性もある。

## 2 出産で収入6割減「母の罰」

米ニューヨーク市に住むシーラ・フェデルさん（40）は2016年、長男出産を機に大卒後に勤めた職場を辞め、専業主婦になった。18年には長女が産まれ、キャリアの空白はさらに延びた。

職場結婚した夫はこの間、順調にキャリアを積み重ねた。このほど長男が就学し、広告会社に再就職したが立場は契約社員だ。「また1から振り出しのように感じる」

**日本・ドイツの所得減大きく**

子を産んだ女性の所得が減る現象を、社会学者は「母の罰（マザーフッド・ペナルティー）」と呼ぶ。出産を機に退職や時短勤務を選び、下がった給与は長期に回復しない。出産をちゅうちょさせるのには十分だ。

米プリンストン大などによると、米国で出産5年後の母親の収入は34％減るが、ドイツや日本は同6割減とさらに深刻だ。夫が働き妻が子育てする役割分担意識や、子が3歳になるまで母親が育てるべきだという「3歳児神話」も根強い。

「Rabenmutter（カラスの母）」。ドイツではフルタイム勤務の母親はひなの世話をしない薄情なカラスにたとえられてきた。

ただ低出生率が定着していたドイツは変わりつつある。一時1・2台まで落ち込んだ合計特殊出生率は、21年に1・58と50年前の水準に回復した。新型コロナウイルス禍からの反動増もあったが、出生数も約80万人と24年ぶりの多さだ。

日本の21年の出生数は81万1622人とコロナ前から5万人減り、22年は初の80万人割れとなった。人口で日本の7割程度の独が、統計で遡れる1950年以降初めて出生数で日本を上回る可能性が出てきた。

**世界的に女性は出産後の所得が低い**

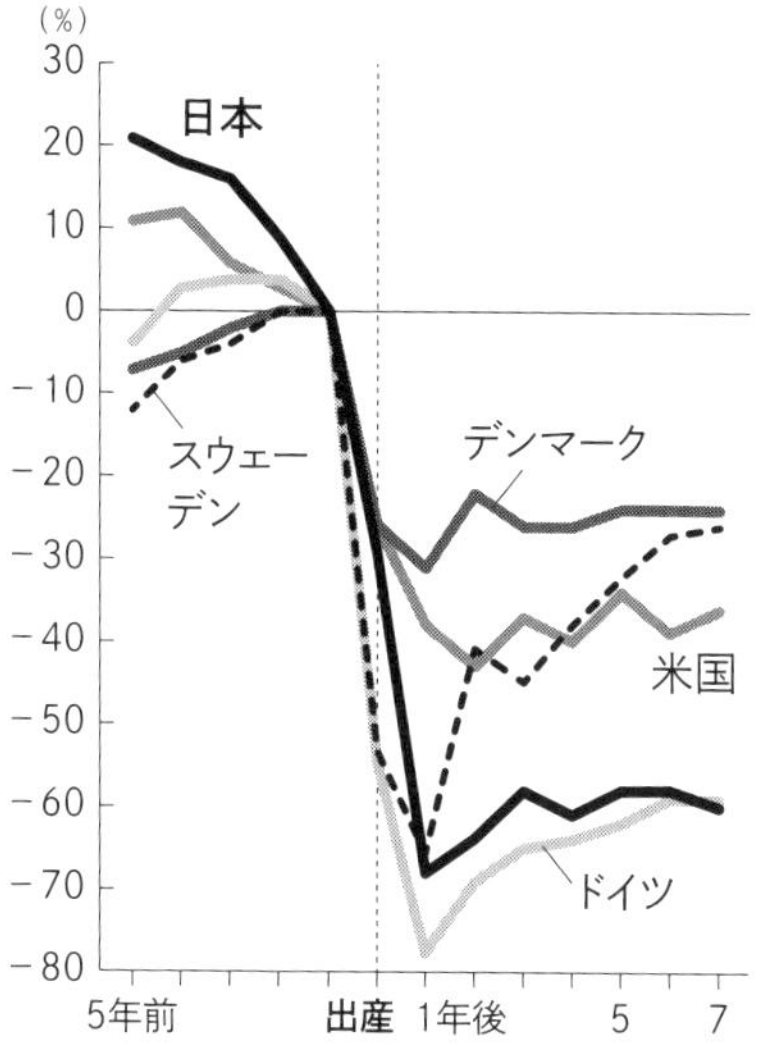


（注）出産1年前と比較。財務省財務総合政策研究所の古村典洋氏提供データから作成

## 手当だけでは出生率は上昇しない

「子どもかキャリアか」の2択を迫る慣習は深刻な少子化を招いた。独政府が2000年代以降に取り組んだのは、父親は仕事、母親は家庭という文化にメスを入れることだ。

重視したのは「母親の早期復職と父親の育休取得の同時促進」（労働政策研究・研修機構の飯田恵子氏）だった。育児休業を「両親休暇」と名付け、税財源で所得保障も拡充。15年生まれの子の父親の育休取得率は35・8％と過去最高だ。

出生率低下に悩む多くの国が育児手当を拡充している。ただ手当だけでは「出生率は上昇しない」と英ロンドン・スクール・オブ・エコノミクスのマティアス・ドゥプケ教授らはみる。出生率を上げるには育児手当よりも、女性の育児負担を減らす保育サービスなどの方が3倍の費用対効果があると分析した。

母親ばかり重荷を背負う社会では、女性は出産に後ろ向きになる。ドゥプケ氏らは欧州19カ国のデータを分析し、出生率が高い国ほど男性の育児参加率が高く、低出生率国では女性が出産に消極的であることを導いた。「1人だけで育児するなら、女性はキャリアを追求できなくなると考える」（ドゥプケ氏）

中国や韓国などアジア各国で受験戦争が過熱し、米国では学生ローンの返済が社会問題だ。教育費は高騰し、女性も主要な働き手として家計を支えなければ立ち行かない。

## 国別編 2 ドイツ、20年超かけ出生率浮上

出生率の回復には、男女とも柔軟な働き方ができる環境づくりが不可欠——。20世紀後半、出生率低下にあえいだ先進国は試行錯誤を経てこの解を導き出した。「男＝仕事、女＝家庭」とみなす伝統が根強いドイツも、夫婦が柔軟な働き方を選べる仕組みが出生率回復をもたらした。

ドイツは１９９０年代には出生率が一時１・２台まで低下し、隣国のフランスや北欧とは大きく差が付いた。２０１５年以降は１・５台に回復した。21年は１・58だ。

女性を家庭に縛る伝統的な価値観を修正するには、男性が育児休暇を取りやすくする環境づくりが欠かせない。07年に導入した「両親手当」は育児休業給付として最大14カ月分を受け取れるが、そのうち２カ月分はもう片方の親が取らなければ権利がなくなる。これ

**出生率はドイツが日本を上回った**

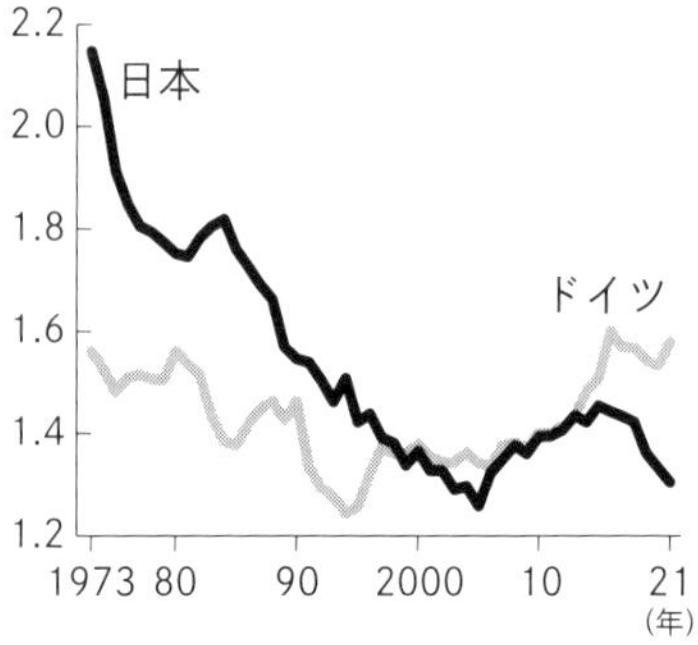


**ドイツは育休給付を受給する父親が増えている**

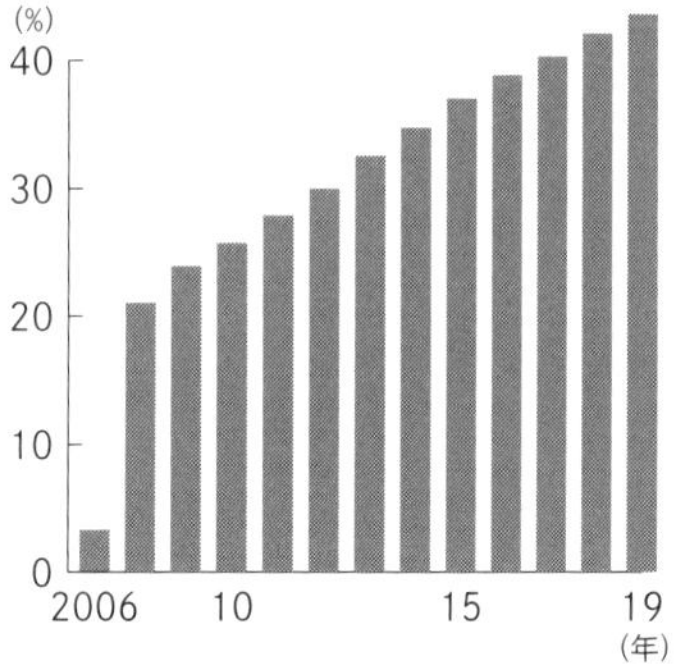


(注) SOMPOインスティチュート・プラス作成

が男性の育児休暇取得を飛躍的に上げた。母親が12カ月間、父親が2カ月間取る夫婦が多いという。

15年からは「両親手当プラス」を導入した。両親手当を受けながら短時間勤務をする場合、従来は給付金が減額される仕組みだったが、満額を受け取れるようにした。SOMPOインスティチュート・プラスの統括上席研究員、小田文子氏は「国、地域、企業が一体で父親の育児休業取得と母親の早期復職を同時に促進した」と評価する。

考え方や権利の整備も同時に進めた。第2次メルケル政権下の13年に1歳以上の子どもに保育を受ける権利を保障した。労働政策研究・研修機構の飯田恵子氏は「3歳までは親元という社会通念や親の仕事と育児の関わり方をパラダイムシフトさせた」とみる。

少子化対策に特効薬はない。必要なのは、長い時間をかけてでも社会に根深い慣習や考え方、染みついた働き方の見直しを積み重ねることだ。

日本は出生数が減り続ければ、30年後には出生数が年50万人まで減るとの見方もある。長期展望をもって取り組まなければ厳しい未来を迎えることになる。

## 3 増える「一時滞在型」移民

ワーキングホリデーを利用してオーストラリアに住む日本人男性ユキさん（31）は3〜6カ月ごとに仕事を転々とする。2022年8月末まで働いていた綿の精製・出荷作業は時給2700円ほどで月収は手取り70万〜80万円。税込みで月20万円程度だった日本での公務員時代には考えられなかった収入だ。渡航2年半で貯金は1000万円を超えた。

家族や友人と過ごすため年明けに帰国し、春に世界一周の旅に出る計画だ。結婚したら子どもに英語を身につけさせるため、永住権の取得しやすいカナダで会計士になろうかと考えている。「複数の国に拠点を置き、その時々に行きたい国を選びたい。リモート勤務が当たり前になったので難しくはないと思う」

## 背景に永住型への警戒感

国境をまたいだ生き方はコロナ前から拡大傾向にある。国立社会保障・人口問題研究所の是川夕国際関係部長によると、経済協力開発機構（OECD）諸国への労働目的での移住は永住型が2019年に67万人だったのに対し、一時滞在型は131万人と約2倍。12年の1・6倍に増えた。

背景には永住型への警戒感がある。11年のシリア危機などで欧州各国に移民・難民が流入。一部の国民とあつれきが生じ、反移民を掲げる右派勢力が台頭した。各国の共生政策を比較した移民統合政策指数（MIPEX）でトップのスウェーデンも、22年9月の議会選で極右政党が躍進した。

「結果として季節労働者やワーキングホリデーなどで、一時的な移民を受け入れる動きが強まった」(是川部長)。日本でも単純労働者は受け入れない建前とは裏腹に、実習や留学を名目にした労働力確保が進む。

## 既存システムとズレ

従来の法制度は国民の定住を前提としてきた。一時滞在型の住民が増えれば、既存のシ

**コロナ禍まで一時滞在型の労働移民が急増**

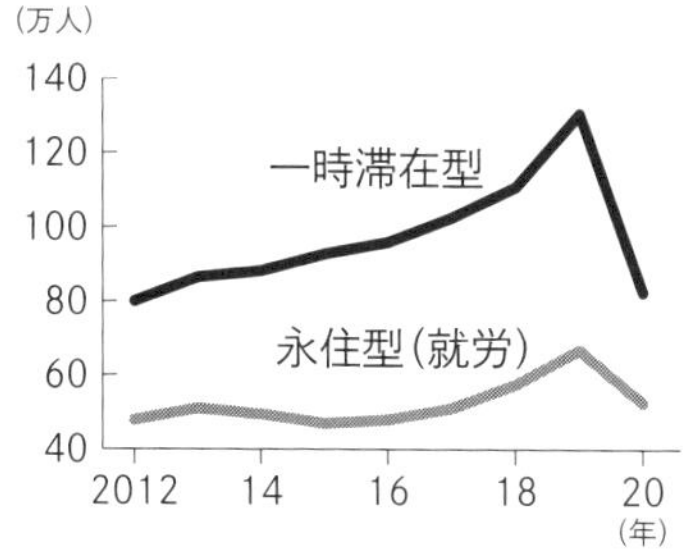


**一時滞在型労働移民の受け入れ人数**

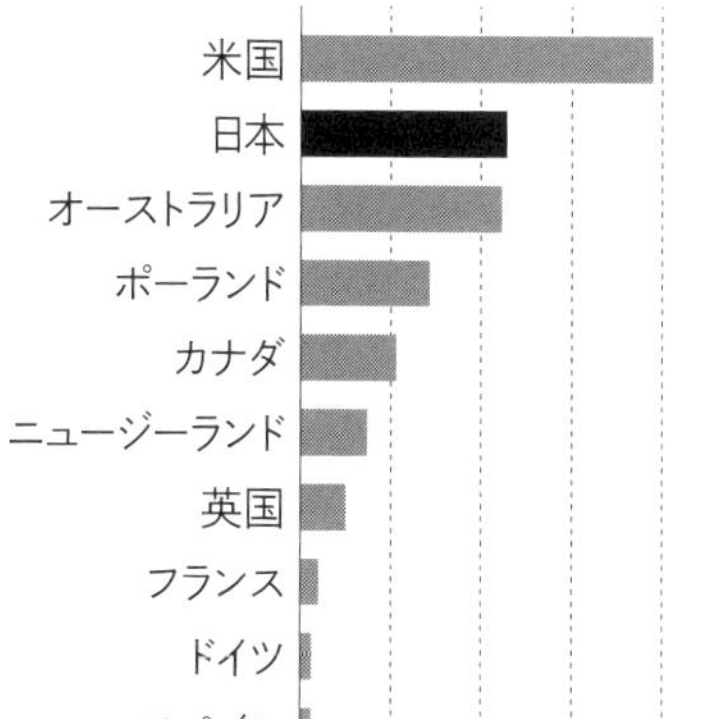


(注) 2019年。季節労働者、ワーキングホリデー、研修生（技能実習生)、企業内転勤の合計。OECD統計から国立社会保障・人口問題研究所の是川夕国際関係部長が作成

ステムとのズレが目立ってくる。

一例が年金だ。出身国と移住先の国で協定などがなければ両国から保険料負担を求められる恐れがある。日本では外国人の帰国後に払い戻す制度があるが、6カ月未満で帰国した場合や5年以上日本で働いた場合などは〝払い損〟が発生しうる。

出身国での学歴や職業経験も国境をまたげば評価されにくくなる。欧州連合（EU）内では母国で取得した資格を他国でも同等と認める相互認証の制度があり、医師や看護師などの資格が自動承認されるが、こうした動きは一部にとどまる。

成蹊大の宮井健志・客員准教授は一時的な移住者向けの法・社会的保護策の整備が遅れていると指摘。「国境をまたいで年金資産を持ち運べる仕組みづくりや送金の円滑化などに多国間で取り組む必要がある」とみる。

「移民がいなければ人口減少や高齢化が予想よりさらに進むだろう」。国連は2000年の報告書で指摘した。国外の労働力をいかに引き付けるかが各国の課題だ。

発展途上国も高齢化が進み、若い働き手は世界で取り合いになる。だが円安が加速する日本は移民獲得の競争力を失いつつある。一時滞在する外国人も同じ国に暮らす「家族」として受け入れ、不利益を生じさせない制度に変える覚悟がなければ、人口減とともに沈む国になりかねない。

国別編 3

## 豪州、出稼ぎ労働者の家族迎え入れ

オーストラリアで働く配偶者からの送金額が予想より少ない。母国にいる家族とは電話で話さないのに、異性とパブで楽しんでいる写真がＳＮＳ（交流サイト）に投稿されている――。

移民労働者に詳しいオーストラリア国立大のマット・ウィターズ講師が周辺国からの移民労働者や支援団体に聞き取りをしたところ、出稼ぎ労働者の家族からこんな不満が聞こえてきた。

豪州は地方の労働者不足を補うためにバヌアツやトンガ、サモアといった近隣の太平洋島しょ国など10カ国から非熟練労働者を受け入れる枠組みを持つ。豪内務省によると２０２２年６月までの１年間で１万６０００人超にビザを発給した。

**豪州の島しょ国労働者向けビザ発給数**
(2022年6月までの1年間)

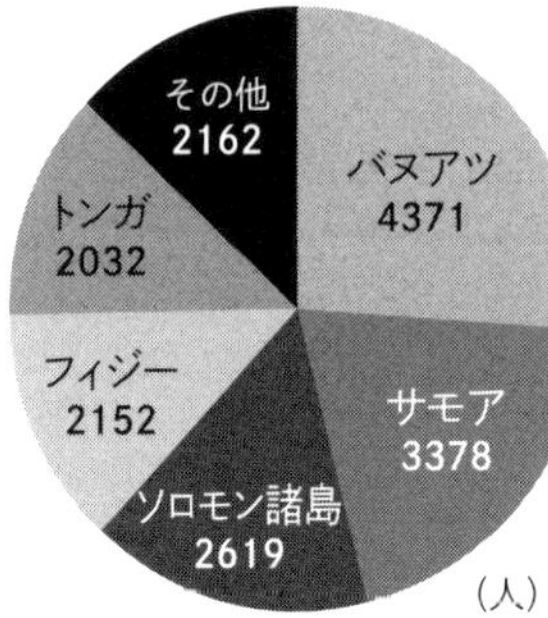


(出所) オーストラリア政府

豪政府は22年9月時点で２万９０００人だった島しょ国からの労働者を23年6月までに３万５０００人に増やす計画だ。

労働者は農園や工場で働き、母国への仕送りで家計を支える。一方、残された子ども、特に少女たちが家事や育児、介護をこなし、学校に通えない例もあるという。教育の機会を失えば将来の収入にも大きく影響する。

豪政府も23年後半から労働者に家族帯同を認める方針を打ち出した。「長期の家族分断による社会的影響に対応する」(豪外務貿易省)。豪政府は最初の１年で２００世帯の利用を見込む。

ウィターズ講師の調査では、定期的に帰国できる人はそうでない人より家族間の問題が起こりにくいことが分かった。「少なくとも年１度は帰れるようにするなどの規定を検討すべきだ。政府が帰国費用の一部を支援することも考えられる」(ウィターズ氏)

国境をまたいだ出稼ぎは世界的に拡大傾向にある。10年代に欧米へ移民・難民が流入したことで、受け入れ側の一部の国民が反発。各国で外国人排斥を訴える右派勢力が台頭した。定住型の移民ではなく季節労働者やワーキングホリデーといった一時滞在型の制度で移住労働者を迎え入れる動きが強まる。

日本でも技能実習や留学など在留期間が限定された資格で働く人が、約173万人の外国人労働者の3割以上を占める。実習生は家族帯同が認められず、幼子を母国の両親に何年も預けて働くケースは珍しくない。

労働力として出稼ぎ先の産業を支え、送金によって母国に貢献する。送り出し国、受け入れ国の双方に利点があるウィンウィンの構図にも見えるが、その陰で起きる家族内のトラブルは見逃されがちだ。人口減少社会で奪い合いになりつつある移住労働者に安心して働いてもらうには、出身国と就労先の国の双方が残された家族の暮らしに目配りする姿勢が求められる。

## 4 企業の育児支援が出生率を左右

### ウォルマートは不妊治療に最大300万円助成

小売り世界最大手ウォルマートは2022年秋、最先端の不妊治療を受けられる新制度を導入した。最大2万ドル（約300万円）を助成し、体外受精などのサービスを利用できるようにし、従業員の出産を支援する。「従業員と家族にとって不妊治療の優先順位は高い」（キム・ルポ上級副社長）

21年の米国の合計特殊出生率は1・66で、20年で2割下がった。背景には働く女性の晩婚化と出産の高齢化がある。出産時の年齢の中央値は過去30年で27歳から30歳に上昇。30代後半～40代前半の出産が増えた。

1980年代以降、女性の社会進出に伴い育児支援制度が普及したが、職場での成功に長時間労働が求められる構図は変わらない。多くの女性がキャリアを優先し出産を先延ばしにし、企業もそれを黙認してきた。

状況は変わり始めた。「キャリアと母になることを両立させたかった」。シリコンバレーで働いていたシンシア・コーエンさん（38）は2016年、手厚い育児支援で知られるIT（情報技術）企業、ドーモ（ユタ州）に転職した。卵子凍結など出産を肯定する企業文化に安心感を抱き、転職後2人の子を授かった。「大事にされている実感が会社への信頼を高めた」

全米不妊協会の21年の調査では、働き手の6割が出産や家族計画が仕事の成果に影響すると答えた。8割が福利厚生に不妊治療があれば会社に長くとどまるとした。妊娠のタイミングを選べる卵子凍結などは出産の決断を後押ししキャリアの自由度を高める。米コンサル、マーサーによると、卵子凍結を支援する米企業の比率は

**日本や韓国は女性の労働参加と出生率向上を両立できていない**

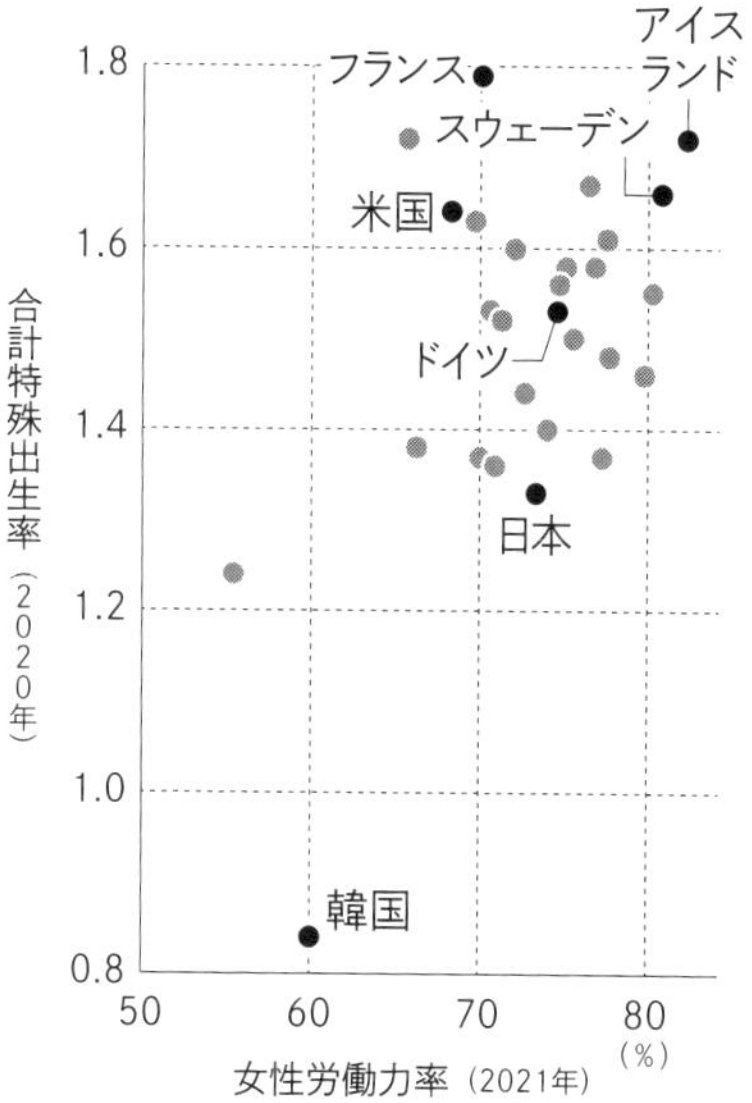


（出所）出生率は国連、女性労働力率はOECD

21年に15%と15年比で3倍に増えた。

先進国では1970年代まで働く女性が増えるほど、仕事の負担で出生率が下がる傾向が強かった。80~90年代にデンマークやノルウェーは女性の労働参加率と出生率が同時に上がったが、韓国などは働く女性が増えた結果、出生率は下がった。

違いを分けたのが企業の支援の考え方だ。お金が増えても仕事の成功から遠ざかるなら、出産の意欲は上がらない。北欧は賃金や昇進の男女格差の縮小に取り組み、出産をキャリアの障害にしない働き方改革で出生率回復につなげた。

## 伊藤忠商事、10年間で出生率2倍に向上

伊藤忠商事は男女を対等の戦力として処遇してきた。女性の特別扱いが制度利用のためらいにつながるとの考えからだ。育児を両立しやすい朝型勤務を導入し、出産から1年以内に復職した社員へ支援金も払う。出産・育児後もキャリア形成を続けられる環境を整える。

心理的抵抗が払拭されて同社の出生率は過去10年で2倍の1・97に向上し、日本の1・3を上回る。「今後は女性の働き手が生産性向上に一段と不可欠になる」と的場佳子執行

朝型勤務した社員に配られる軽食を受け取る女性社員（東京都港区の伊藤忠商事）

役員は強調する。

経済協力開発機構（ＯＥＣＤ）加盟国の平均で見ると、家事などを含む女性の総労働時間に占める会社での労働時間の比率は４割だった。

働く女性が有限の時間を出産・育児とキャリアでいかに両立できるようにするか。働き手の私生活を会社都合でデザインするのではなく、個人の人生設計に寄り添う新たな経営のあり方が求められる。

# 人生の選択に影響を与える社会の仕組み

## 伝統的家族主義、低出生率の背景に

阪井裕一郎氏●大妻女子大准教授

世界で加速する人口減少の背景には、私たち一人ひとりの人生の選択がある。子どもを産みやすい文化や働き方かどうか、移民を受け入れる制度が整っているかなど、社会のあり方が人生に与える影響は大きい。世界各国の取り組みを専門家に聞いた。

——1960年代以降、欧米各国で婚外子の割合が増えました。

「法律婚ではないカップル、いわゆる同棲《どうせい》は、伝統的なキリスト教文化ではタブー視されていた。だが60~70年代、公民権運動やヒッピー文化の流れで徐々に広まり、80~90年代に一般的なものになった」

「雇用の流動化で失業リスクが高まり、結婚をためらう若者が増えた。法律婚をしなくても親や子どもが様々な社会保障を受けられるように制度が整ったことも事実婚が拡大した背景にある」

――欧州でも国によって違いがあります。

「イタリアやスペインなど南欧諸国は大家族主義で伝統的な家族観が強い。子どもが成人しても親元で暮らす傾向があり、婚外子も少ない。他方、北欧やフランスなどは子どもが大きくなれば親元から離れる。配偶関係も多様で婚外子も多い」

――日本で婚外子が少ないのはなぜでしょう。

「戦前の日本は今よりはるかに婚外子が多かった。単純に結婚の届け出をしない人も多数いたが、正妻以外に妾《めかけ》を持つ男性も少なくなかった。『内縁大国』というべき状況を是正し、戦後日本の家族制度を近代化するため、社会的に法律婚による一夫一妻が推進された。このため婚外子は大きく減った」

――配偶関係と出生率の関係をどうみますか。

「先進各国では伝統的家族主義が強い国ほど出生率が低く、弱い国ほど高い。人々の価値観が多様化するなかで、家族に対する考え方は様々だ。一方で国の制度が画一的なままだと新たな家族形成は進まず、結果的に子どもは増えにくくなる」

「家族になる方法は結婚以外にあってもよいはずだ。法律婚によらないカップルだけでなく、シングルマザー同士が一緒に暮らすのも一つの家族だ。誰かが誰かと生きていくことこそが社会を成り立たせる。次世代の再生産にもつながるし、格差の是正にも寄与する。人とつながることを自然に促す政策はもっとあってよい」

――多様な家族を認める社会をどうつくればよいでしょうか。

「選択的夫婦別姓は一つの風穴になるだろう。主要先進国で日本だけが国として認めていない同性婚・パートナーシップ制度もきちんと議論すべきだ。多様な他者とのつながり方を容認し、結果的に出生率が上がっていくのが理想だ」

**さかい・ゆういちろう**
博士（社会学）。専門は家族社会学。日本における家族制度の歴史や夫婦別姓、事実婚などの研究に取り組む。著書に『事実婚と夫婦別姓の社会学』など。

## 「母の罰」解消は経済発展にもプラス

**ジュリー・カシェン氏●米センチュリー財団ディレクター**

――子を産んだ女性の所得が減る現象「母の罰（マザーフッド・ペナルティー）」が注目を浴びています。

「新型コロナウイルス禍の影響が大きい。学校や保育施設が一時閉鎖されたが、子の面倒をみるために退職したり勤務時間を減らしたりしたのは主に母親だった。母親に育児の負担が偏っているという家庭の実態が明らかになった。これは家庭や個人の問題ではなく社会の問題であり、公的な解決策で対処すべきだ」

――休職や時短勤務で収入減が長引き、出産前の所得水準になかなか戻りません。

「背景には様々な要因があるが、女性が出産するタイミングはキャリアで初めて大きく飛躍する時期と重なる。この時期にキャリアアップができないと後の昇進にも響く。成功するためのステップを踏めないからだ。年金は給与が高いほど受取額も多くなるので、生涯にわたる収入にも影響する」

「対照的に男性は『父親ボーナス（ファザーフッド・ボーナス）』に恵まれる。『父親は働いて家族を養うものだ』という文化規範が根強いため、子のいる男性はいない男性よりも給与が高くなりやすい」

――「母の罰」はどんな影響を及ぼしますか。

「子を望むかどうか、女性の考え方に影響する。子育てしながらキャリアを築くのがこれほど難しいならば、子を持たないか、1人か2人までと考えるだろう。人口動態にも影響を及ぼす」

「母の罰は男女の賃金格差にも大きく関係している。背景には性差別と母親差別がある。母親が能力不足なのではなく、柔軟な働き方や有給休暇、保育サービスなどの公的支援に恵まれないために職場で能力を十分に発揮できない」

――国や企業はどうすべきですか。

「保育サービスを誰もが利用できるようにすべきだ。保育産業の待遇改善や、有給を取りやすくするなど妊娠した労働者に公平な社会を実現する必要がある。公的部門への投資なくして、民間部門だけでは対処できない。企業は従業員が子育てと仕事を両立できるよう柔軟に働ける制度を設けたり、子育てにかかる費用をサポートする福利厚生を用意したりするのも一考だ」

「母の罰をなくすのは経済全体にもプラスだ。母親がフルに経済活動に参加できれば、経済はより成長し消費も増える。母の罰を軽減できれば、米国では年2000億ドル（約2兆8000億円）の所得向上につながると試算した。経済的に安定した家族が増えれば、子どもにより多く投資できる。将来の働き手であり、国を率いる未来の市民でもある子どもの健全な発育は、国の将来の発展につながる」

**Julie Kashen**
米ハーバード大ケネディスクール修了。故エドワード・ケネディ上院議員の労働政策アドバイザーなどを経て、センチュリー財団の女性の経済的正義担当ディレクター。

## 男性の働き方改革、男女平等のカギに

**フランチェスコ・ビラーリ氏●伊ボッコーニ大学長**

――欧州では出生率が伸びている国とそうでない国があります。

「フランスや北欧諸国では第2次世界大戦以前から家族政策に関心が強く、男女平等にも積極的に取り組んできた。一方、比較的出生率の低いイタリアやスペインは有効な家族・ジェンダー政策が実行されてこなかった」

「経済状況も関係する。貧しい地域では伝統的な価値観から大家族が好まれる傾向があったが、今は裕福であるほど多くの子どもを持つ傾向がある。イタリア国内でも北部ミラノなど経済的に豊かな都市の人が南部の貧しい地域よりも多くの子どもを持つようになっている」

――出生率が高い国では婚外子も多いです。

「人生には不確実なことがつきものだが、いったん子どもを持てば親であるという事実は不変だ。結婚は必ずしも永遠ではない。この考え方は家族政策を考えるうえで非

常に重要だ」

「北欧諸国は婚姻状況にかかわらず、親になる2人の決断を重視し、子どもに対する責任を生涯負うことを求める。一方、日本やイタリアでは、結婚が子どもを持つ前提条件として認識される。結婚はお金がかかるし、生涯ともに過ごす人を選ぼうとすると慎重になる。結婚が重視される社会では、結果的にカップルが子を持つ時期を遅らせてしまうリスクがある」

――どんな家族政策が必要ですか。

「家族には様々な形がある。目指すべきは子どもの幸せを中心に置く政策だ。安価で質の高い保育サービスや幼少教育、子が良い経済環境で育つ政策が必要になる。子への所得移転が進めば、若者が早く経済的に独立できる」

――男女平等と出生率にはどのような関係があるのですか。

「昔は女性の社会進出が進むほど、出生率が低下すると考えられた。しかし現在、先進国では女性の権利向上が高出生率につながっている。男女が不平等な国ほど出生率が低い」

「家庭と職場の両方で男女平等を実現する必要がある。男性が育児や家事を平等に担うべきだ。そのために長時間労働という日本と南欧の共通の問題を克服しなければならない。男性も変わらなければならないが、社会や企業が男性の働き方について考える必要がある」

――家族の多様性に人口学はどう向き合うべきですか。

「誰もが自身の性自認や性的指向に基づいて人生を選択する権利がある。多様性を受け入れる社会ならば、親に対するプレッシャーも少なくなるはずだ。低出生率に悩む国は、多様な方法で個人の可能性を引き出していくことがバランスのとれた人口動態を実現する一助になる」

**Francesco Billari**
イタリアのパドバ大で人口学の博士号取得。伊ボッコーニ大、英オックスフォード大を経て、2022年にボッコーニ大学長に就任。

特集

# 縮小ニッポン、私たちの本音

日本はなぜ世界を大きく上回るペースで少子化が進んでいるのか――。日本経済新聞社が20～60代の男女1000人に実施したアンケート調査では、家計に余裕がないためと考える人が7割超に上った。若年層が将来の成長や安定を見込んだうえで、安心して結婚、出産、育児に取り組める環境づくりが課題となる。

## 「結婚良い」20・30代半数切る

「結婚はした方が良いと思うか」。人生を大きく左右する結婚について「そう思う」「少しそう思う」と考える人は51・5%だった。未婚化が進むなかでも結婚に肯定的な意見はまだ多い。

年齢別にみると、やや様相が異なる。60代は6割超が結婚に肯定的なのに対し、20代と30代は5割に満たなかった。男女別では女性の方が結婚に慎重で、特に30代の女性は「そう思う」がわずか9%だった。

結婚はした方が良いと思いますか

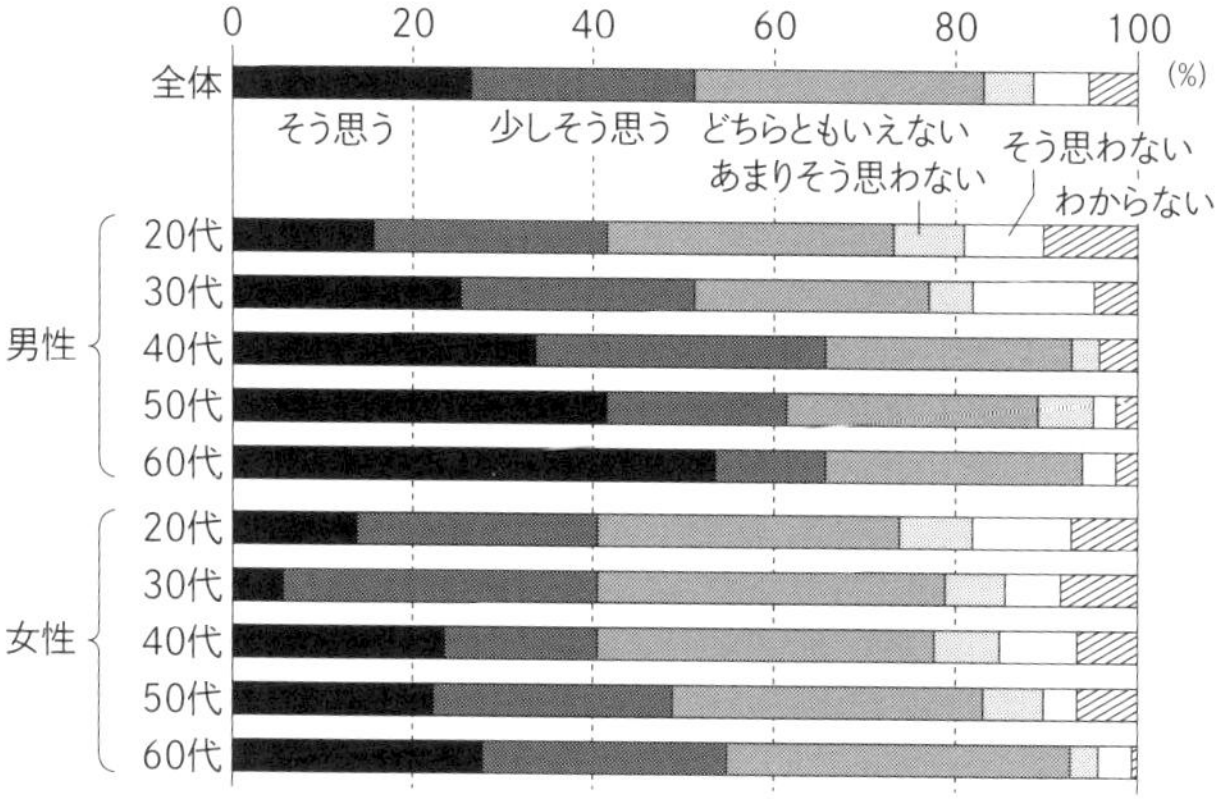


結婚が減っている理由を問うと、女性が結婚に慎重な理由がみえてくる。男女とも最多は「若年層の収入・賃金が低い」で6割超だが、「仕事のキャリアに影響する」は女性21・4％に対して男性は9・4％。出産・育児によるキャリアの断絶が結婚に二の足を踏ませている。「出会いがない・出会いの機会が少ない」と考える人も全体の4割超と多い。特に20代、30代の女性は5割を超えた。国立社会保障・人口問題研究所の2021年の調査ではSNS（交流サイト）やアプリで出会った人が1割を超えた。婚姻支援は社会の変化を踏まえる必要がある。

## 結婚が減っているのはなぜだと思いますか

（複数回答、全体の上位8項目）

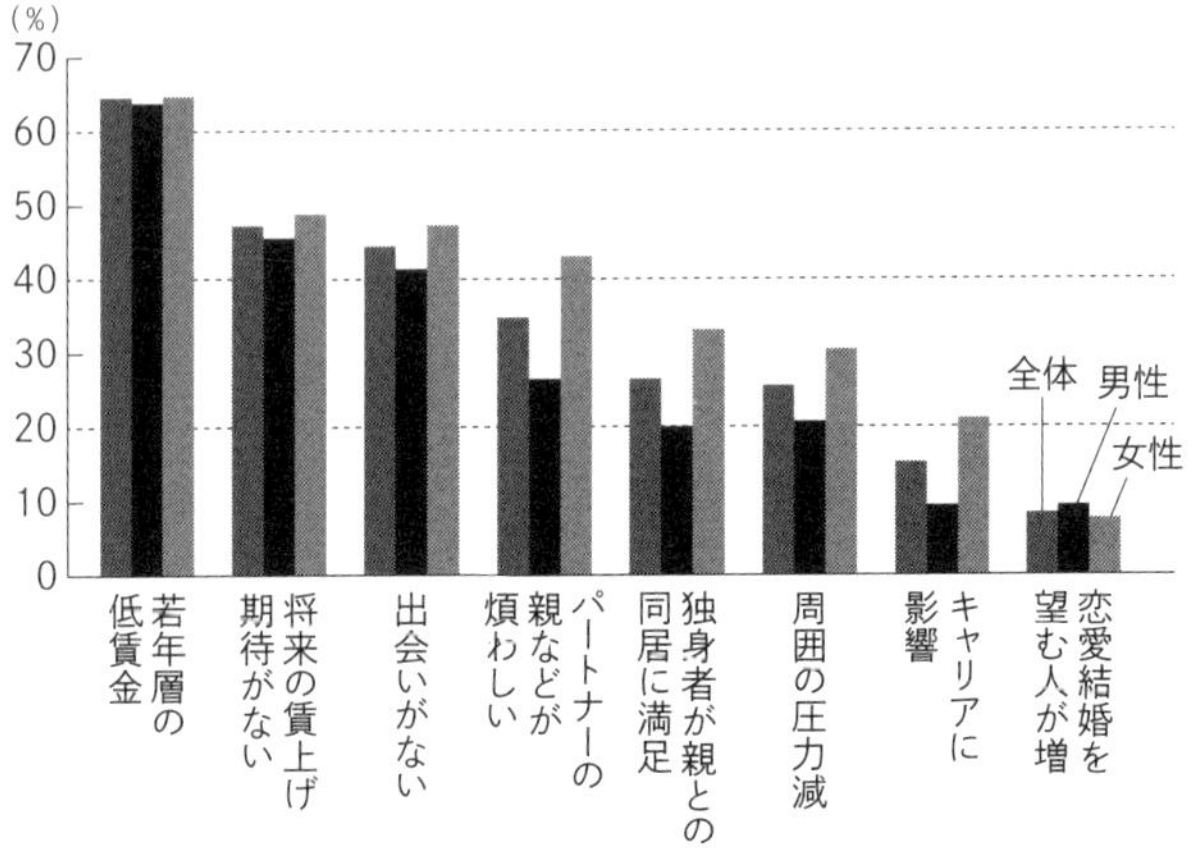


## 結婚のプラス面は何だと思いますか

（複数回答）

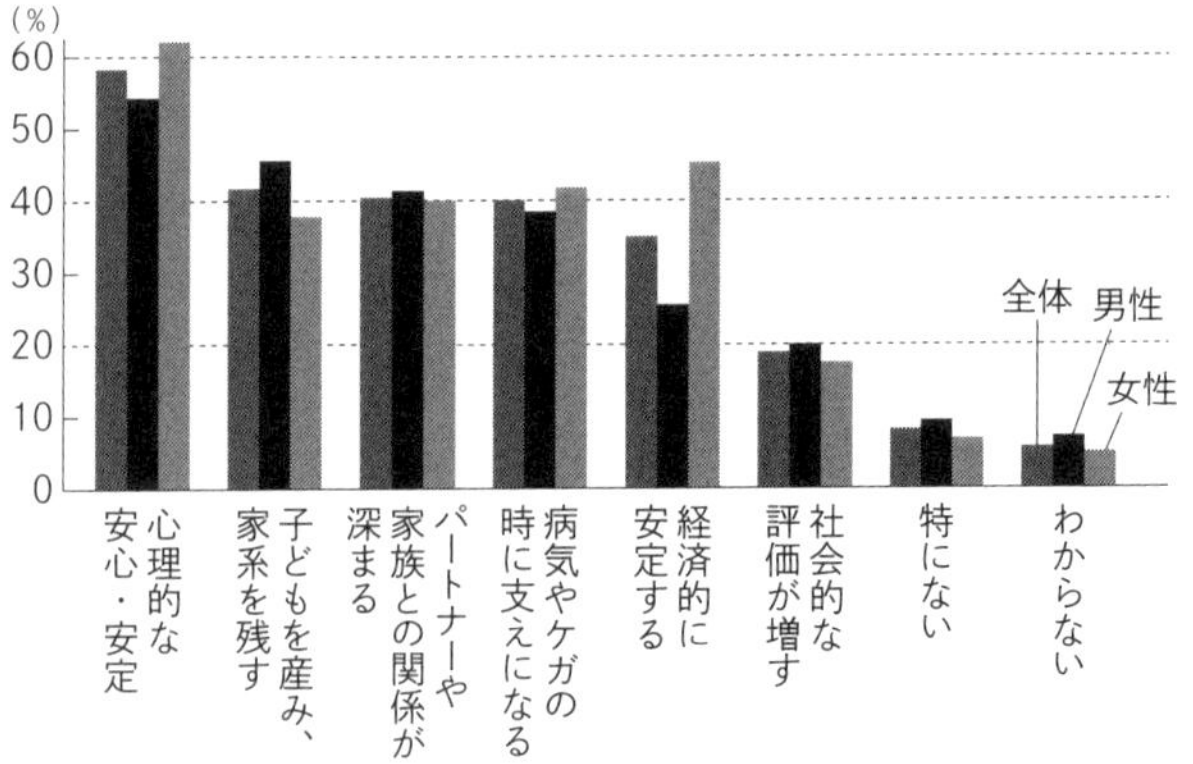

結婚のプラス面について「経済的に安定する」との回答は男性が25・4％に対して女性は45・2％だった。マイナス面で「経済的な負担が増す」と考えるのは男性が34・0％に対して女性は19・6％だった。結婚・出産後も働きやすい環境づくりなど、夫婦で家計を支え合う社会の構築が求められている。

夫婦別姓は4割、事実婚や同性婚は3割の人が「より広く認めるべきだ」と回答した。

## 子ども持つ壁「家計苦しい」7割

少子化が加速するなかでも「子どもはいた方が良いと思う」と考える人は6割超に上った。結婚をした方が良いと考える人の割合より1割ほど多い。経済面の不安解消などで結婚のハードルが下がれば、出産増につながる可能性がある。

少子化が進む理由を問うと、最も多かった回答は「家計に余裕がない」の74・5％だった。「現役世代への家計支援が不足」「日本の将来への不安」も3割を超えた。若年層の所得増や日本の成長期待の醸成が少子化の改善につながる可能性がある。

育児の負担軽減も急がれる。特に女性の過度な育児負担は見直しが必要だ。少子化

## 子どもが減っている理由は何だと思いますか

(複数回答、全体の上位8項目)

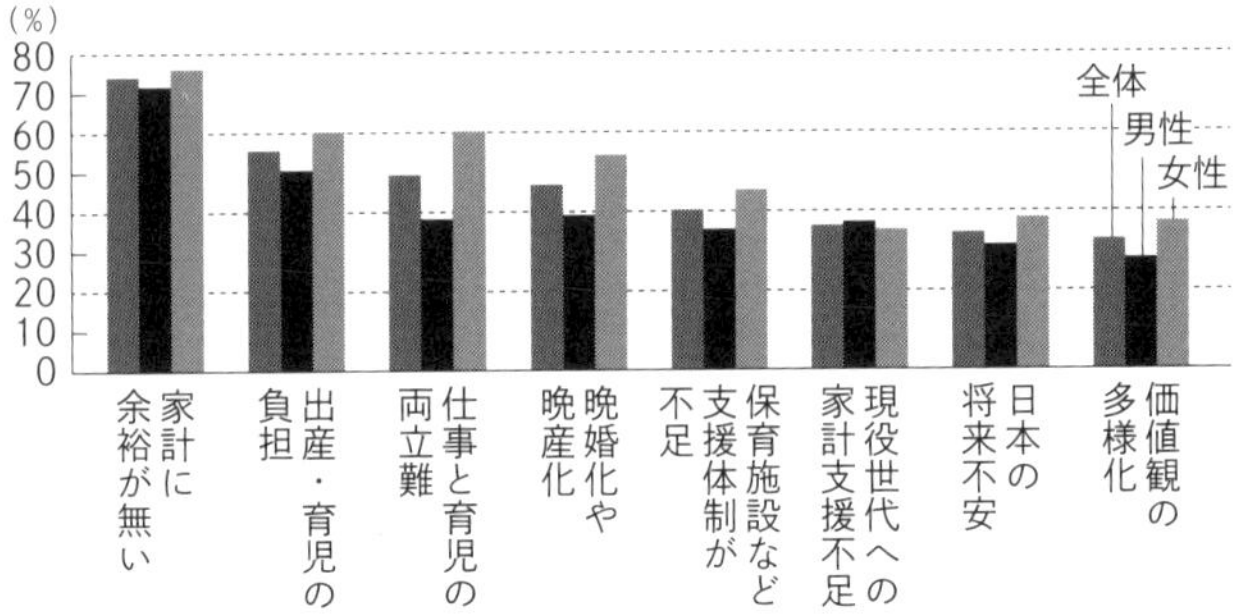


## 子育て環境は夫と妻で平等だと思いますか

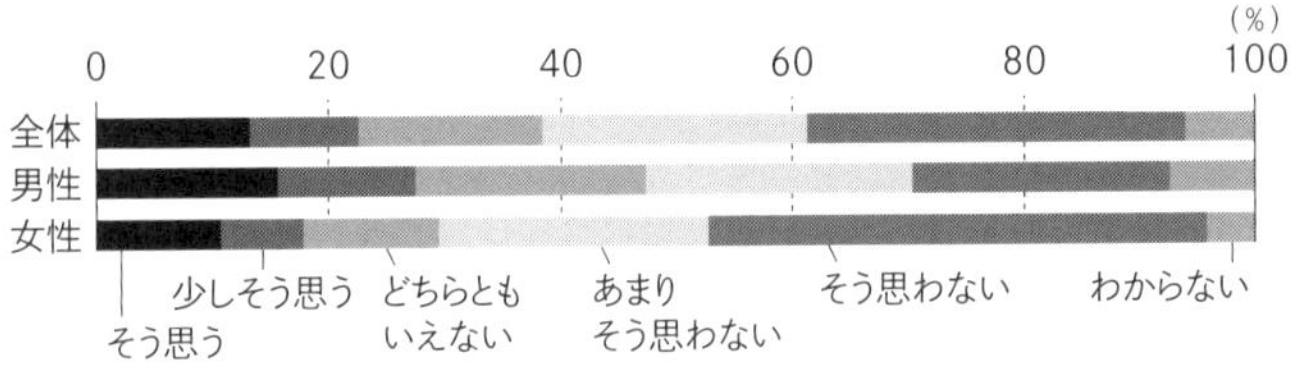


## 親世代に比べて経済的に豊かになれる(なった)と思いますか

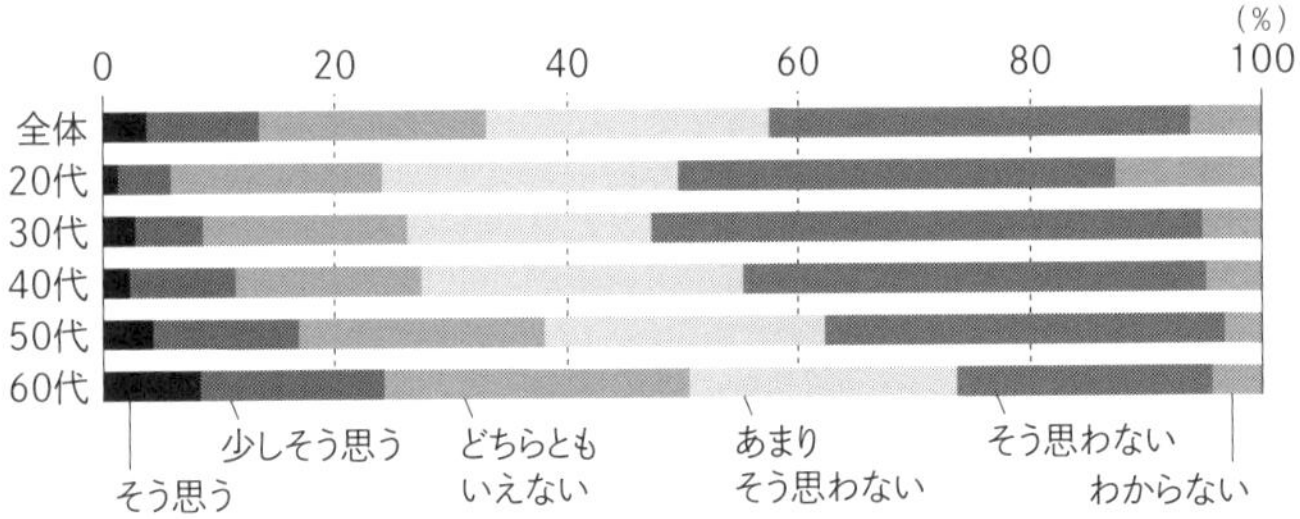

の原因を問う質問で「仕事と育児の両立が難しい」との回答を選んだ割合は男性の38・6％に対し、女性は60・8％に上る。「核家族化の進展でサポートを得にくくなった」「保育施設など支援体制が不足」も女性が男性より多かった。

世代間の意識の差も大きかった。子どもを持つことのマイナス面では、20代の32・5％が「仕事のキャリアに影響する」を選んだ。60代は10・5％だった。男女別・年齢別で最も高い20代女性（44・0％）と最も低い60代男性（2・0％）では40ポイント以上の差がある。

42・3％の人が少子化問題の改善に「職場の理解や人手不足」が壁になっていると感じていた。「仕事の内容や、早朝・深夜勤務といった労働条件の制約」も30・5％だ。人生設計や時々の生活に応じて柔軟に働き方を選択できるようにすることも重要だ。

### 夫と妻、「不平等」56％

賃金やキャリア形成などで男女差が色濃く残るなか、育児環境の夫婦の平等性も聞いた。夫と妻で子育て環境が平等だと思う人は22・6％にとどまり、不平等だと感じる人は56・1％だった。女性の方が不平等と感じる人が多く、20～40代女性は6～7割に上った。

男性の育児参加のバロメーターとなる育休取得率は21年度に13・97％。男性育休の取得促進や制度改正で5年前から10ポイント以上伸びたが、世界的にみても充実した制度内容の割に取得率は低い。期間も2週間未満と短期の人が5割を超える。

男性がどの程度、育休を取得するのが良いか聞いたところ2～6カ月が27・7％で最多だった。1週間以内が2・4％、「取る必要はない」も4・4％いた。

育児負担の軽減策として海外ではベビーシッターや家事代行が一般的だが、日本では普及が鈍い。理由を聞くと「金額が高い」が75・9％と最も高く、「育児や家事を任せることへの不安」が54・8％で続いた。「サービス供給不足」も34・4％あった。

男女別でみると、女性の方が男性に長く育休を取ってもらいたいと考えていた。男性は「わからない」も4人に1人と多かった。

## 「親より豊か」1割どまり

自分は親世代に比べて経済的に豊かになった――。こう考える人がわずか13・6％

にとどまることが明らかになった。61・1％が豊かになっていないと答えている。

特にバブル崩壊後に生まれた20代は親世代より豊かだと考える人がわずか6・0％、豊かになっていないと考える人が63・5％に上った。一方で高度経済成長を経験した60代は豊かになったと考える人が24・5％だった。

男女でも大きな差が出た。20～40代の女性は豊かになっていないと感じる人がいずれも7割を超え、特に40代女性は79・0％に達した。教育費の高騰などで家計負担が増すなか、仕事と育児の両立による負担の重さの割に豊かさを感じられない子育て世代の現状が浮かぶ。

少子高齢化に伴う社会保障費の増大も負担感を高める一因だ。負担のあり方を聞いたところ、「所得や資産が多い高齢者の負担増はやむを得ない」が53・1％で最も多かった。この回答は年代が上がるほど高かった。

「現役世代・勤労世代の負担増はやむを得ない」は19・5％。若年層の忌避感が強かった。「経済成長による税収増」は60代が28・5％だったのに対し、30代は18・5％と、上の年代で成長を期待する人が多かった。

## 定住型の移民、抵抗感強く

男女の懐事情とジェンダー意識を探る意図で、初めてのデートで費用は全額男性持ちか女性と分担かを尋ねた。全額男性が負担すべきだとの回答が26・9％と、負担すべきだとは思わないの39・9％を下回った。

専業主婦が多く賃金や職務内容の男女差が大きかったバブル期は、男性の全額負担で女性と豪華な食事を楽しむケースが多かった。今でも50～60代の男性は全額負担すべきだと考える割合が4割超と20代男性の19・0％と大きな差がついた。

男女別では男性の32・2％が負担すべきだと考えるのに対し、女性は21・6％。男性にとっては初デートの金銭的な不安はやや薄らいでいるのかもしれない。

日本は少子高齢化に伴う働き手不足が深刻で、政府は外国人労働者の受け入れ拡大を進めている。人口減への対応として定住・永住可能な移民を積極的に受け入れるべきか聞いたところ、受け入れるべきではないが37・5％と受け入れるべきだの26・1％を上回った。

全世代で受け入れるべきではないが上回り、特に30～50代の女性で受け入れに慎重な回答が目立った。40～60代の男性は受け入れ派が3割超と相対的に受け入れに前向きだった。

## 「そこそこ幸せ」で貧しく――識者の見方　中央大教授　山田昌弘氏

結婚や出産が減っている理由として経済的要因を挙げた人が多かった。若年層だけでなく50~60代の親世代も若年層の家計に懸念を持っていることが調査で明らかになった。若年層への経済支援は不可欠だ。

結婚減の理由として50~60代女性の4割超が「独身者が親との生活に満足している」と答えたのも興味深い。一部の若年層は便利で快適な実家生活を捨ててまで結婚をしようと思わないのかもしれない。

移民は変化を好まない日本人の志向が表れた。移民のみならず日本社会は年代を問わず今のままでよいと考える人が多い。社会全体が豊かになり、目先の生活に困る人が減ったのが背景にあると考えている。日本人は徐々に貧しくなることは受け入れてしまう。社会保障費の増加も一定程度は受け入れつつ「そこそこ幸せ」を続けるのだろう。

少子高齢化や人口減少を深刻な問題として日本人が気付くのは、優秀な人材の海外流出が本格化したときだろう。インドやフィリピンなど英語が堪能な人が多い国ではすでに人材流出が起こっている。

**調査の概要**　調査会社マイボイスコムのモニター1000人を対象に2022年9月30日～10月4日にネット調査した。20～60代の各年代200人（男女同数）を性・年代別に無作為抽出した。

# 6章

# 逆転の発想

# 1 人口首位インドを待つ「成長のわな」

インドの人口が中国を超え、3世紀ぶりに世界首位となった。グローバルサウス（南半球を中心とした途上国）の盟主を目指すインドだが、将来人口減少に直面し経済が停滞する成長のわなに陥る可能性もある。持続的な成長のカギを握るのは人材への投資だ。

## 「中所得国のまま足踏み」どう避けるか

「人類の4分の3が私たちの国々で暮らす。同等の発言権を持つべきだ」。2023年1月、世界の3分の2の125カ国が参加した「グローバルサウスの声サミット」で、インドのモディ首相は野心をのぞかせた。

サミットを欠席した中国は5日後、61年ぶりに人口が減ったと発表した。22年末の人口（外国人除く）は14億1175万人と23年1月時点のインド（14億2203万人、国連推計）を下回った。中印の首位交代は3世紀ぶりだ。

## 3世紀ぶりの首位交代
（人口の実績および見通し）

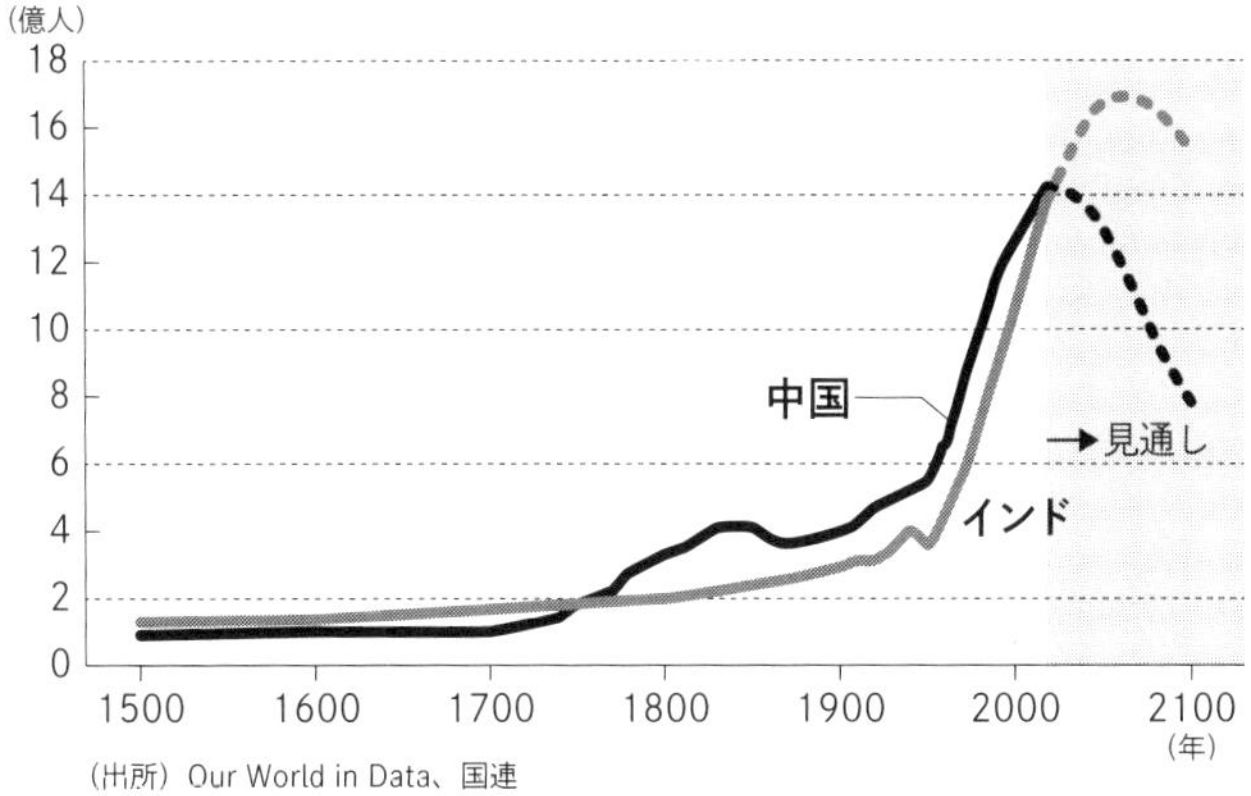


（出所）Our World in Data、国連

中国は少子化と並行して急成長を遂げた。「一人っ子政策」など人口抑制政策を1970〜80年代に打ち出し、6を超えていた合計特殊出生率は急落。2020年に1・28まで減った。働く世代の比率が高まって人口ボーナスが始まり、所得水準は1980年から30年間で13倍に高まった。

だが中国は中所得国のまま足踏みしている。22年の1人あたり名目国民総所得は1万2608ドル（約170万円）で、世界銀行の高所得国の基準（1万3205ドル超）に達しなかった。

人口減が始まった中国では働き手不足が加速する。ゴールドマン・サックスによると中国の潜在成長率は2010年代の7・7％から30年

中国は成長の陰で急速に出生率が低下
(1970～2021年)

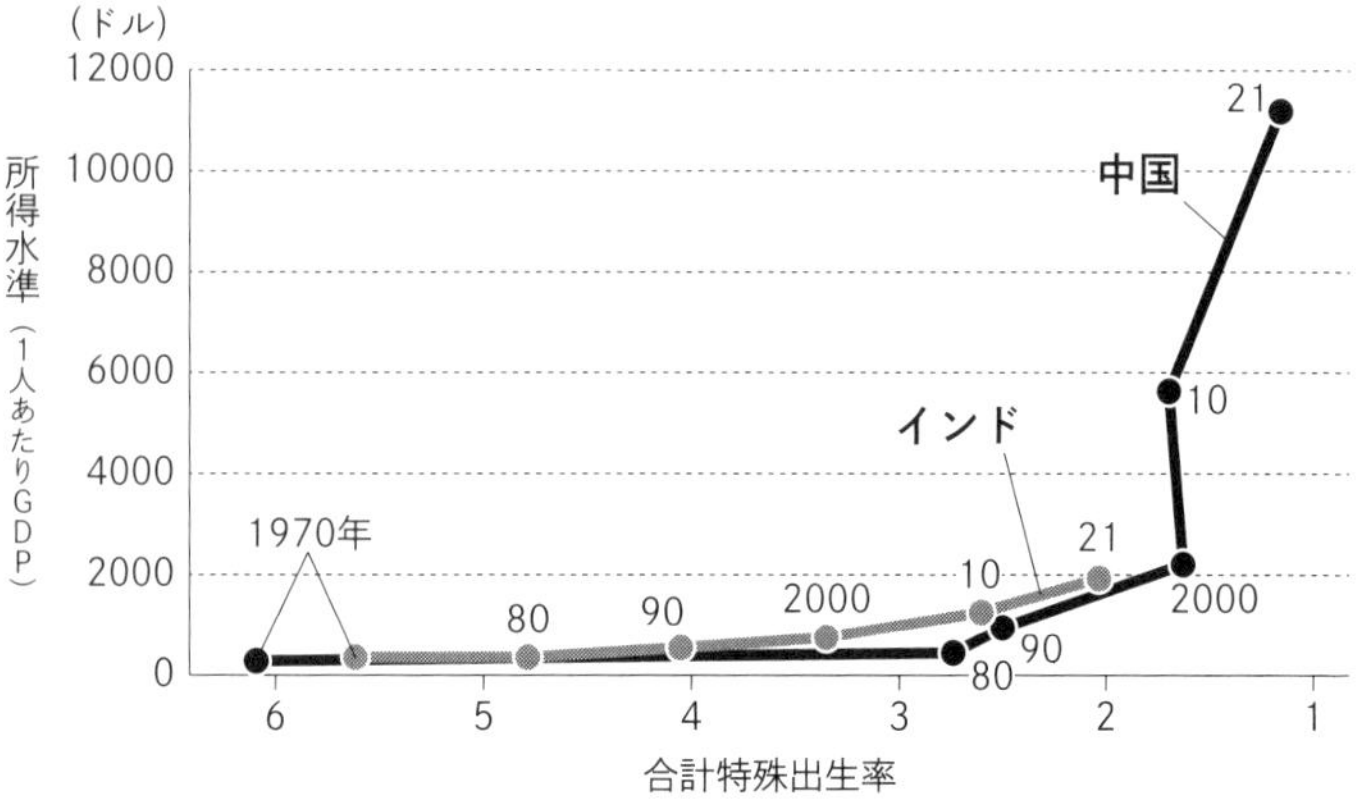


(出所) 世界銀行

代には2・5%まで下がる。「鈍化の大部分は人口動態要因による」という。

インドも中国の後を追わないとは限らない。インドの所得水準は依然、中国の6分の1にとどまる。国連によると出生率はすでに2・0まで低下し、60年代半ばに人口減に転じる。豊かになる前に高齢化し、中所得国のまま停滞する「中所得国のわな」に陥りかねない。

## 教育や研究の支援手厚く

いかにわなから抜け出すか。かつて飢《き》饉《きん》や高い失業率で「欧州の病人」と呼ばれたアイルランド。国外への人材流出で人口は激減した。バイデン米大統領ら世界でアイルランド系が多いのはこのためだ。
80年代の所得水準が米国の半分だったアイルランドだが、大胆な規制緩和と減税で外資誘致に踏み切った。「最大の力点は教育」（メアリー・ロビンソン元大統領）で、教育無償化で人的資本の蓄積に注力した。政府支出に占める教育や研究開発の割合は13%と日本の8%を大きく超える。この結果、IT（情報技術）大手が競って拠点を設け、対内直接投資は30年間で30倍以上に増えた。

**アイルランドは高成長を遂げた**
（ドル換算の1人あたり名目GDP）

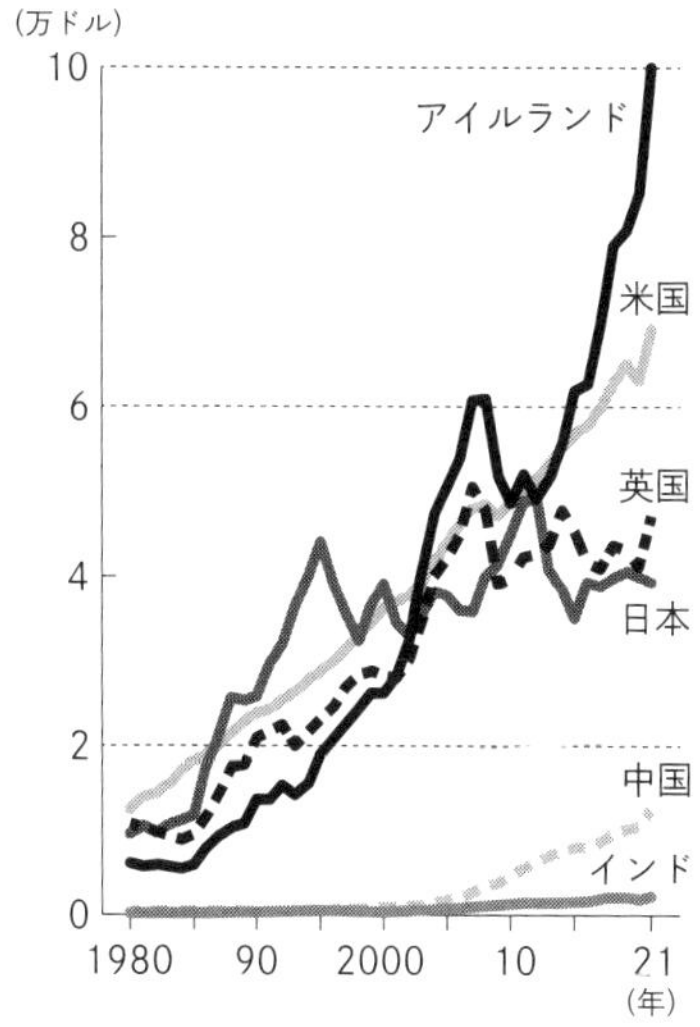


（出所）IMF

「ケルトの虎」。病から脱して高成長したアイルランドはこう呼ばれるようになった。2008年の金融危機も乗り越え、21年の1人あたり名目国内総生産（GDP）は10万ドルと日本（3・9万ドル）だけでなく米国（6・9万ドル）も超えた。国民の国外流出を移民流入が逆転し、

1990年から30年間で人口は4割増えた。

インドの大学進学率は31％で先進国との差は大きい。教育だけでなく、高度な人材が能力を生かせる職場も増やさなければ、頭脳の国外流出が進むだけだ。

日本はどうか。高度成長後の持続的な発展モデルを見いだせていない。日本のGDPは世界3位だが、ドイツに肉薄され、国際通貨基金（IMF）によると27年にもインドに抜かれる。

人口減少と停滞にどう立ち向かうか。先進国も成長を続ければ人は増えるというデータがある。

経済協力開発機構（OECD）に加盟する38カ国では過去20年、成長率の高い国は人口が増える傾向があった。所得の上昇で生活が安定すれば出生率も上がり、移民も訪れる国になる。

人材への投資で生産性向上や技術革新を促し、成長を生み出すことが人口減対策にもつながる。停滞を打破するには今までと異なる発想で課題を解決する必要がある。

## 2 ロボット密度を倍増　経済維持へ

小さな一歩だが、韓国にとっては大きな進歩となるかもしれない。サムスン電子は２０２３年１月、二足歩行ロボットを開発する韓国の新興企業レインボー・ロボティクスへの出資を決めた。約９００億ウォン（約90億円）を投じて、30年までに主要生産拠点を無人化する計画に生かす。

### 「職奪う敵」から社会の要に

ロボット事業に本腰を入れ始めた半導体の巨人。韓国では現代自動車が21年、世界的なロボットメーカー、米ボストン・ダイナミクスを買収した。韓国２巨頭がロボット強化に動く背景には、自国の労働力減少への強い危機感がある。

22年の合計特殊出生率が０・78と経済協力開発機構（ＯＥＣＤ）加盟国で最低の韓国では急速な少子高齢化が進む。15～64歳の生産年齢人口は35年に３０００万人を割り、20年

**人口減の危機感が強い国は
ロボット密度が高い**

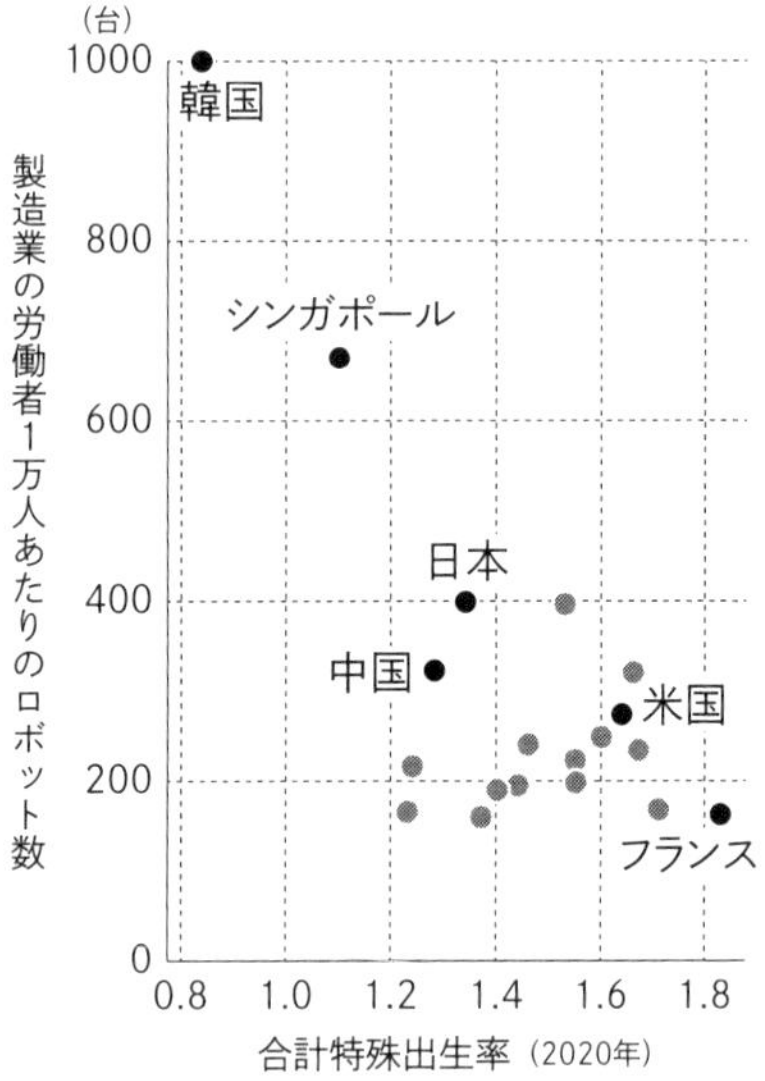


（出所）ロボット数は国際ロボット連盟、出生率は世界銀行

比で17％減る見通し。

労働組合が強力な韓国では伝統的にロボットに対して「人間の雇用を奪う」という警戒感が強かった。人口減少の危機を前に「ロボット脅威論」は今は昔。キヤノングローバル戦略研究所の栗原潤研究主幹は「ロボットは国力の根幹。世界の技術や知見のいいとこ取りが必要」と指摘する。

世界の「ロボット密度」は高まり出した。国際ロボット連盟（ＩＦＲ）によれば21年の製造業の労働者１万人あたりのロボット導入台数は１４１台と15年比で倍増した。国別のロボット密度の首位は韓国（１０００台）。シンガポール（６７０台）や日本（３９９台）など、出生率が低く労働力不足の国が上位を占める。

ロボット密度の上昇ペースで群を抜くのは実は人口大国の中国だ。21年に３２２台と15

年比で7倍に高まった。22年に総人口が61年ぶりの減少に転じた。「世界の工場」をけん引した農村の安価な労働力は細り、若年層は「3K」の工場労働を避ける傾向も強い。

中国政府は25年のロボット密度を約500台に高める方針。ロボットは製造業の効率を高める手段だったが、今では生産維持に不可欠なインフラとなりつつある。

世界的な人手不足はロボット密度を押し上げる。すでにネット通販の普及で繁忙を極める世界の物流倉庫では、時給が急騰する作業員に代わり荷物を運ぶのはロボットだ。専業メーカーも続々生まれ、高機能機種の価格は5年で20万ドルから5万ドル程度に下がった。

## 人とロボットの適材適所を追求

年々採用が難しくなる人より、3年ほどで投資を回収できるロボットの方が割安だ。ロボットを用いた物流の省人化を支援するGROUND(東京・江東)の宮田啓友社長は「ロボット中心のシステムの構築を検討する段階に入った」と話す。

世界ではロボットや人工知能(AI)が人の雇用を奪う「技術的失業」が懸念されてきたが、主要国では絶対的な人手不足の方が課題となる。

ドイツはロボット活用やデジタル化で労働力人口の減少を補う産業政策「インダストリー4・0」と並行し、働き手の自動化関連のスキル習得支援で官民が連携する。追求するのは人とロボットの適材適所の理想形だ。

人口が減る未来のあるべき姿から逆算し、イノベーションを取り込めるか。変化を恐れない覚悟が試される。

## 3 出生率3・0のイスラエル、生殖医療の推進力

待合室にいる十数人の患者が次々と診察室に招き入れられていく。2023年2月上旬、イスラエルのテルアビブにあるソラスキ医療センターで生殖医療を統括するフォアド・アゼム医師は「素晴らしい仕組みだ。誰にとっても子を持つことは基本的権利だ」と同国の不妊治療支援について語った。

## 子ども2人まで無料で体外受精

先進国で唯一、人口の激増が見込まれるイスラエル。2065年には現在の約2倍の2000万人になると予測される。イスラエルの女性1人が生涯に産む子どもの推定数（合計特殊出生率）は3・0前後と突出して高い。

イスラエルは生殖医療大国でもある。非営利団体ICMARTによると、人口あたりの体外受精など生殖医療件数で世界トップだ。イスラエルでは18～45歳の女性は子ども2人まで無料で体外受精を受けられる。卵子提供の場合は54歳まで対象だ。離婚しても新しい配偶者と再び無料で治療できる。

イスラエルは突出して
生殖医療の件数が多い
（人口100万人あたり）

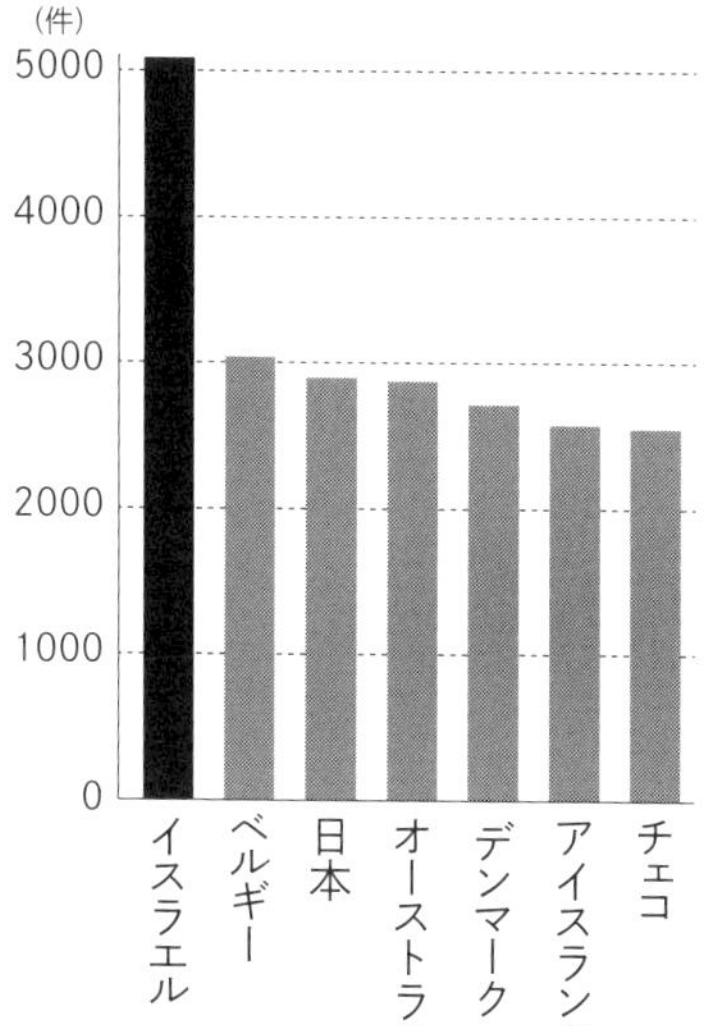


（出所）ICMART、2013

手厚い支援は宗教や歴史によるところが大きい。ユダヤ教の聖典には「産めよ、増えよ」という言葉がある。第2次世界大戦中のナチスドイツによるホロコースト（ユダヤ人の大虐殺）により、家族を増やすことが重要な価値として根付いた。緊張が続くパレスチナのアラブ人の方が人口増加率が高く、民族維持への危機感は強い。

イスラエルほど手厚くなくても、英国やオーストラリアなど不妊治療を公的保険で支える先進国は多い。１９７８年に英国で世界初の体外受精児が生まれてから、器材や薬剤の進歩に伴い生殖医療は爆発的に普及した。

当初「試験管ベビー」と衝撃を与えた体外受精児は、もはや特別な子どもではない。22年4月に不妊治療への保険適用が拡大された日本では、13～14人に１人が体外受精などで生まれる。

日本政府は過去の調査を基に、若い世代の結婚や出産への希望がかなった場合に実現する「希望出生率」を1・8と推計するが、現実の1・3とは差が大きい。世界で６００万人以上がこうした生殖医療により誕生したと推計される。

高学歴化や晩産化などに伴い、不妊治療を必要とする人は増えそうだ。データブリッジマーケットリサーチによると、人工授精や代理出産などを含む世界の不妊治療市場は29年、21年の8割増の約３１６億ドル（約4兆円）に拡大する見通し。

### 法制度の整備が課題

医療技術の急速な発展で法制度の整備が追いつかず、ひずみも生まれる。能力や容姿などに関わる遺伝子を操作した「デザイナーベビー」も絵空事ではない。

米科学誌サイエンスが23年2月掲載した調査で、一流大学合格の可能性が高い受精卵を遺伝子技術で選べるとしても「道義的問題はない」「受け入れられる」と答えた人が過半数を占めた。4割以上が「サービスが始まれば利用したい」と回答したという。

生命倫理など解決すべき課題はあるが、子どもを持ちたくても持てない人にとって生殖医療はひとつの希望だ。先進国の多くが人口減少による衰退に直面するなか、「産みたい」と願う人を支えることは社会全体にとっても光明になりうる。

## 4 複数国籍が高度人材獲得の選択肢に

移民が人口の1割超を占めるドイツで、国籍法改正が議論されている。欧州連合

（ＥＵ）圏出身者らに限っていた複数国籍を、非ＥＵ圏出身者にも認める内容だ。連立与党で広報担当を務める「緑の党」のラムヤ・カドア連邦議会議員は「多くの人がハイブリッド（複合的）なアイデンティティーを持っている。祖国は一つしかないという考え方は完全に時代遅れだ」と説明する。

２０２２年の出生率が０・78と世界最低水準だった韓国も11年に国籍法を改正し、複数国籍を認めない「国籍唯一の原則」から転換した。

国内で外国籍を行使しないと誓約すれば、出身国の国籍を維持したまま韓国籍を取得できるようになった。主な対象は科学技術などの優秀な人材や結婚移住者らだ。

韓国の移民政策に詳しい春木育美聖学院大教授は「出生率向上を半ばあきらめ、外国出身者の帰化によって人数を増やす方向性を明確にした」と説明する。

## 8割近くの国が何らかの形で容認

近代的な国籍の概念を確立したのは１８０４年公布のフランス民法典（ナポレオン法典）とされる。国民国家の形成とともに世界中に広がった。国家への忠誠義務や兵役義務が重複すれば混乱を招くとの懸念から、国籍唯一の原則が確立された。

## 複数国籍を容認する国は多い

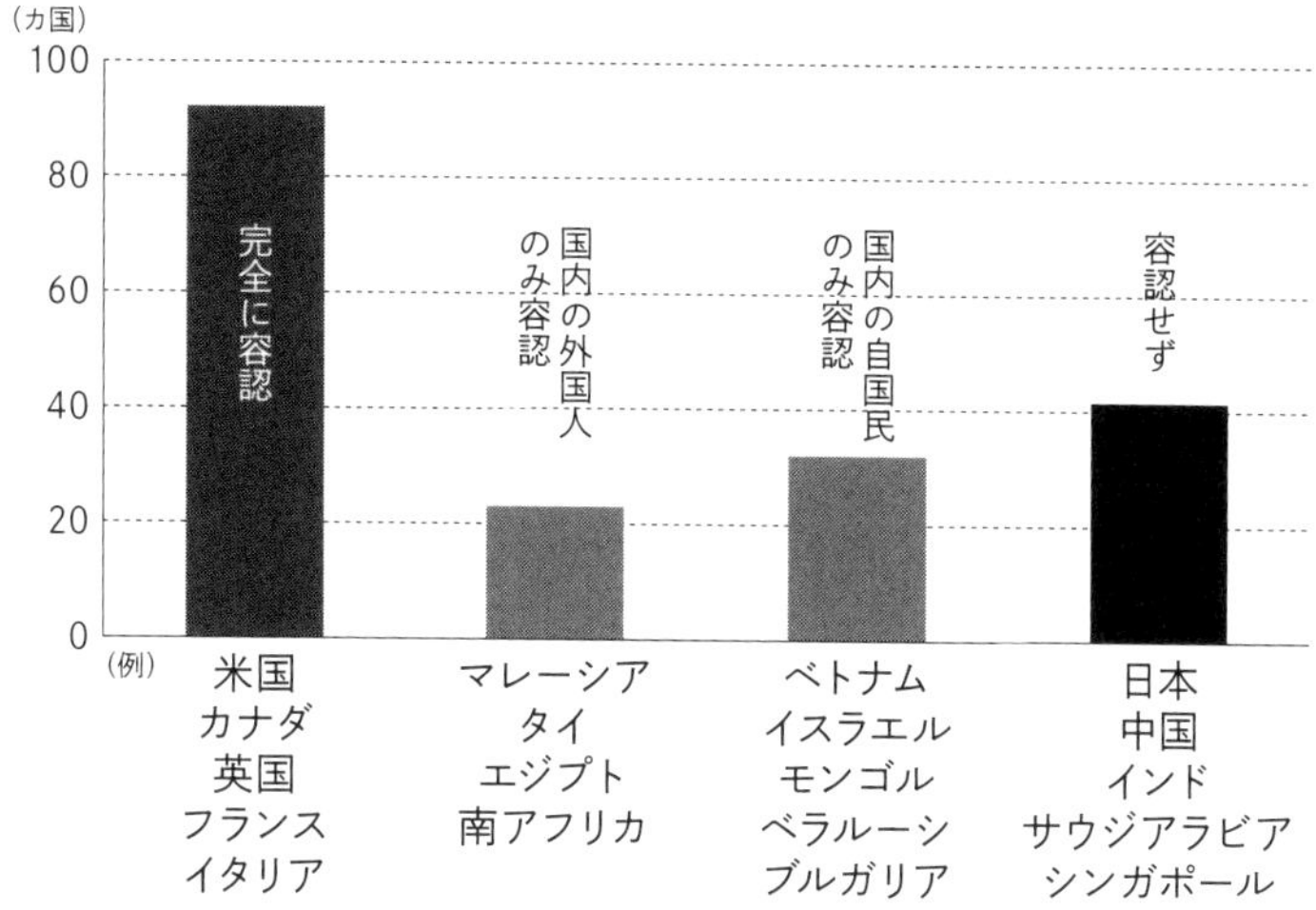


(出所) Global Citizenship Observatory

しかし出身国以外での就労が珍しくなった今、複数国籍を認める動きが広がる。外国で生まれたり、親が外国籍だったりして複数国籍となった人に一定期限までの国籍選択を迫る日本から見れば違和感もあるが、こうした国は世界では少数派だ。欧州大学院の研究プロジェクトによると、何らかの形で複数国籍を認める国は78％に上る。

働き手となる若年人口の減少が各国で見込まれるなか、優秀な人材の確保は共通の関心事だ。裕福な外国人に国籍や永住権の取得を優遇する動きが広がる。

オーストリアでは同国経済に計1000万ユーロ（約14億円）以上投資

するか、政府の開発基金に300万ユーロ以上寄付した外国人は、居住したことがなくても国籍を取得しうる。

裕福または有能な外国人に優先的に居住権を認める制度があるのは米国、英国、オーストラリア、シンガポールなどさらに多い。

成蹊大の宮井健志・客員准教授は説明する。「外国人をいかに誘致するかの国際規範は皆無。『望ましい移民』が優遇され『望ましくない移民』は定住を認めないという二極化が進んでいる」

## 国際紛争時には懸念材料に

一方、ボストン大のピーター・スケリー教授（国際政治）は「（複数国籍は）国際紛争時に懸念材料になる」と指摘する。

一例がロシアだ。米政府は2022年9月、ロシア国内にいる米国籍者に徴兵の恐れがあると指摘し、ロシアから即時退避するよう求めた。実際、プーチン大統領は同年11月、複数国籍者を徴兵できるようにする法令に署名した。

国籍のあり方は国民の権利や義務に直結する。多くの先進国で人口減少が始まり国境を越えた人材争奪戦が加速するなか、どのような人材を呼び込み、次世代の国づくりを目指すのか。国家戦略が問われている。

## 5 「子どもは負担」覆す日本へ

仕事や結婚に関する価値観の変化、仕事と育児の両立の難しさ、収入が増えにくい雇用環境。少子化をもたらす要因は実に多様で複合的だ。

世界各地の少子化の始まりをたどると、都市化という一つの社会変容に行き着く。農村型社会で子どもは世帯にとって貴重な労働力だった。都市経済の発展で給与所得が世帯の収入源になると、子どもは家計を圧迫する存在に変わってしまう。

子どもはお金に換算できない喜びを与えてくれる。社会を維持するうえで何より大切な存在だ。これは都市経済でも変わらない。でも世帯単位では経済合理性が低いと考える人が増えていく。

日本の出生数・出生率は低迷

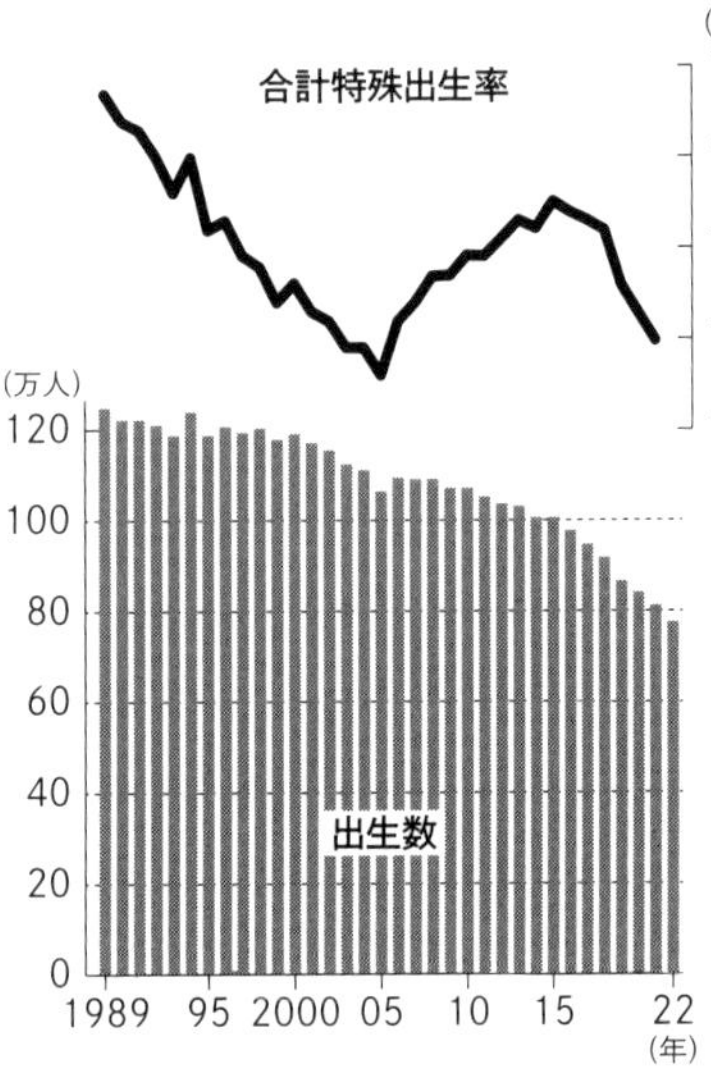

(出所) 厚生労働省、22年の出生数は見通し

日本の1・30という出生率は都市経済が抱えるこの深刻な欠陥を克服できていないことを意味する。

もはや外国人居住者に依存する以外に、半世紀後に1億人国家を維持する道筋を描きにくい。

## フランスが成果を上げた少子化対策

岸田文雄政権に求められるのは真に「異次元」の対策だ。経済合理性という少子化の根本原因に鋭く切り込むべきだ。

フランスの少子化対策が成果を上げたのは、この構図を逆転させたからではないか。子どもの多い世帯ほど負担が軽くなる所得税制。第2子、第3子と手厚くなる家族手当。

「子どもを持たないともったいない」と人々が感じるところまで徹底し、都市経済が内包する矛盾をつぶしていった。

日本はどうか。今の児童手当の配り方はめちゃくちゃだ。年収960万円の所得制限ラインの根拠は子ども扶養世帯の上位10％というもの。出産促進効果の観点で精査されたわけではない。世帯主の収入だけで判断するので、共働きで夫婦の年収が各900万円ある

## フランスの主な子育て支援策

| 手当 | |
|---|---|
| 家族手当（児童手当） | 20歳未満の子どもが2人以上いる世帯に支給 |
| | 3人目以降を増額する多子奨励型 |
| | 14歳以上の子どもがいる場合にも加算措置 |
| 家族補足手当（多子手当） | 3歳以上の子どもを3人以上扶養する世帯 |
| 出産手当 | 妊娠7カ月で支給 |
| 乳幼児手当 | 3歳までの乳幼児がいる世帯 |
| 子ども教育共有給付（育児休業給付） | 子どもの養育のために保護者が退職または就労時間を短縮する場合 |
| 保育方法自由選択補足手当 | 自宅で保育ママやベビーシッターを雇う場合 |
| 新学年手当 | 6〜18歳の子どもがいる世帯 |

| 税制 | |
|---|---|
| N分N乗方式 | 子どもが多いほど所得税を軽く |

| その他 | |
|---|---|
| 大家族カード | 子どもを3人以上養育する世帯に発行 |
| | 鉄道、住宅設備、生活サービス、レジャー等の料金を父母も含めて割り引き |

世帯は満額が支給される。

待機児童がほぼ解消し、対策は転換期にある。家族関係社会支出のうち保育など現物給付の国内総生産（GDP）比は20年に1・26％と英仏と遜色のない水準になった。

今後は乳幼児の親の支援に限らず、結婚や出産を阻害するあらゆる要因を排除していくべきだ。主要国に見劣りする現金給付も、賢く行えばその選択肢になりうる。

出産を促す十分なインセンティブになるかどうかが重要だ。所得制限を撤廃しても漫然と配るだけならバラマキに終わる。フランスの家族手当は第1子に支給しない。出産促進効果が小さいと判断しているのだろう。


**男性の育児参加推進、非正規雇用の固定解消も不可欠**

財源には高齢者を含む親世代全体で支える仕組みが求められる。社会保険料だけでなく、消費税も聖域視せずに検討すべきだ。医療などほかの社会保障に要する国民負担を抑える視点もいる。

児童手当などの再分配強化は止血措置にすぎない。病巣を癒やすには男性の育児参加を増やす思い切った施策や、非正規雇用からなかなか抜け出せない硬直的な労働市場の改革が欠かせない。

30年、40年という長期戦の覚悟がいる。母親世代の人口が減った日本で、出生率が多少上がった程度で出生数は増えない。人口減少を前提にした社会への移行を急ぎつつ、粘り強く少子化対策を続けるしかない。

人口減時代の世界で輝くことができるのは、新たなモデルを築けた国や地域だけだ。

**専門家に聞く**

## 「逆転の発想」背景は
## 人口首位インド、雇用足りず若者低賃金

**チャンドラセカール・スリパダ氏**●インド商科大学院教授

少子化が加速する中国を抜いて人口最多国となったインド。20カ国・地域（G20）議長国として、グローバルサウス（南半球を中心とした途上国）の盟主を目指す同国の人口戦略を、インド商科大学院のチャンドラセカール・スリパダ教授に聞いた。

——人口首位をインドが中国から奪取しました。

「自然の成り行きだ。民主主義国家インドは中国のように強制的な人口制限策をとらず、家族計画について啓蒙し、識字率を上げ、貧困を削減することに注力してきた。一般的に国が豊かになるほど家族は小さくなるからだ」

――インドはどんな国を目指していますか。

「政府は3つのDがインドの強みだとしている。民主主義（Democracy）、発展（Development）、人口動態（Demography）だ。今後はすでに国際競争力のあるIT（情報技術）分野に加えて、インフラ建設や半導体などの製造業を育成しようとしている」

――中国との違いを鮮明に打ち出しています。

「多くの国が中国一辺倒の投資に不安を感じるなか、リスクの分散先にインドが選ばれるように、企業の『中国プラス1』戦略への対応にも力を入れる。台湾の鴻海（ホンハイ）精密工業傘下の富士康科技集団（フォックスコン）によるインドでの工場建設計画もその一例だ」

――インドは世界最大の民主主義国です。

「民主主義は成功要因だ。政府や法の支配に対して信用が生まれる。だがそれだけで投資は呼び込めない。1980年代の日本のように、世界の注目を集めるイノベーション、高品質の製品、効率的な生産システム、優秀な人材が必要だ。中国は民主主義国家ではないが、ほかの国にはできないスピードと規模で一定以上の品質の製品を生産できたからこそ多くの国が投資した」

――若者の雇用の受け皿は十分ですか。

「人口の60％以上が35歳以下で、若者は成長の根源だ。スキルを持った労働力がどれだけいて、それに見合う雇用があるかどうかが課題となる。現状は求職者より仕事がずっと少なく、若者は日々を生き抜くための低賃金の仕事に従事するしかない。これではインドの人的資本を有効活用しているとはいえない」

――今後どのように雇用を創出していくべきですか。

「雇用が増えなければ社会不安につながる。人工知能（ＡＩ）やロボティクスなどの先端企業を増やし、世界をリードしていく必要がある。一方でこうした分野が伸びるほど人手が必要とされなくなる可能性があり、先端企業育成と雇用創出をどう両立するか考えなければいけない」

Chandrasekhar　Sripada
英リーズ大で経営学修士号（ＭＢＡ）を取得。専門は組織行動学。
ＩＢＭの南アジア担当最高人事責任者などを経て、２０１７年より現職。

## 物流業、ロボット中心の施設にシフト

宮田啓友氏●GROUND社長兼CEO

――世界の物流ロボットの市場規模は5年で倍増しました。

「１９６０年代から集荷作業を機械化した『自動化倉庫』は存在したが、米アマゾン・ドット・コムが２０１２年、物流ロボット大手のキバ・システムズを買収して以降、自律走行タイプの採用が急増した」

「ロボットは大型電池やセンサーなど電気自動車（ＥＶ）との共通部品が多い。ＥＶ普及による量産効果で部品のコストダウンも進んだ。5年前に20万ドル（約２６００万円）程度だった高機能機種の価格は5万ドル程度に下がった。コモディティー化がロボットの投資対効果を高めている」

――日本の状況はどうでしょう。

「倉庫作業員の時給は米国では20ドル程度だが、日本は１０００～１３００円ほど。

人件費が安く、従来は相対的に物流ロボットの投資対効果は低かった。だが近年、人手不足の深刻化で倉庫従業員の賃金が急騰しており、1人あたりの採用コストは50万円との声も聞く。ロボット導入のメリットが高まっている」

「当社はロボットを活用した倉庫などの自動化支援サービスを手掛けている。これまで顧客のニーズは既存施設の省人化が中心だったものの、最近では当初からロボット中心の施設の構築を目指す事業者が増えてきた」

――ロボットの普及が失業を増やすという考え方もあります。

「もともと物流業は『3K』のイメージが強く人を集めにくかったが、新型コロナウイルス下のインターネット通販の需要拡大で人手不足はますます厳しくなった。日本では24年から運輸業の労働時間規制も強化され、倉庫周りの人手不足も加速する」

「ネット通販業者も品ぞろえを広げる『ロングテール戦略』を強化しており、在庫点数も増えている。物流倉庫は巨大化の一途で、オペレーションの合理化を進めなければ、需給ギャップは埋められない。ロボットによる雇用代替を懸念するような状況では全くない」

――物流業でのロボット普及の課題は何でしょう。

「作業がある程度標準化している製造業と比べて、運ぶ荷物の形状や仕様も多彩で、つかむ圧力の調整なども難しい。ネット通販などは特にその傾向は強く、自動化の技術的ハードルは高い。現状でも物流業全体の自動化率は1割に満たない」

「ロボット単体の機能向上も道半ばだが、複数のロボットに人工知能（AI）やクラウドソフトも組み合わせたシステムの構築が不可欠だ。システムを組み上げるエンジニアやデータを分析する管理者など、新たな仕事を担う人の役割も重要になる」

**みやた・ひらとも**
上智大法卒。都銀やコンサル会社などを経て、2007年楽天グループ入社。15年にロボットなどを活用した倉庫の自動化支援を手掛けるGROUNDを設立。

## イスラエルの人口増、周辺国と緊張も一因

**ダフナ・カルメリ氏**●ハイファ大教授

――イスラエルの合計特殊出生率は3・0前後と突出して高いです。

「ユダヤ教正統派にとって子を持つことは守るべき戒律だ。ホロコースト（ユダヤ人の大虐殺）を経験し、大きな家族を持つことが重要とされた。周辺のアラブ諸国などとの緊張関係が続く不安定な情勢も、子どもや自民族を増やす動機になるとの見方が

ある」

――育児支援などの制度は整備されていますか。

「イスラエルの子育て支援や育休制度は欧州先進国ほど整っていない。女性の給与は相対的に低く、子育てや住宅などの生活コストをまかなうので精いっぱいだ。宗教を重視しない人も増えている」

「それでも子育てするのは、子どもを持つことが当然という社会風土があり、生活が家族や子どもを中心に回っているからだ。実際、外国のユダヤ人コミュニティーの出生率よりもイスラエルの方が高い。イスラエル社会特有の状況が影響しているのだろう」

――生殖医療への支援は手厚いです。

「18～45歳までのすべての女性が子ども2人まで無料で体外受精のサービスを受けられる。そのためイスラエルの女性はほかのどの国よりも体外受精を受けている。宗教を重要視する家庭で育った人の中には、パートナーがいなくても精子バンクなどを使って子どもを産むケースもある。子どもを持つ同性愛者も多い」

「一方で、胎児に問題が見つかれば、妊娠37週目など後期であっても比較的容易に中絶手術を受けられる。国が『子どもを産みなさい、ただし健康な子どもを』というメッセージを発しているようにみえる」

――イスラエルは先進国で唯一、人口が劇的に増える見通しです。

「イスラエルではユダヤ教正統派が人口の約12％を占める。彼らはより多くの子どもを持つ傾向があり、人口が増え続ける見通しだ。約40年後には人口の3分の1を占める可能性がある。こうした社会の変化を背景に、2022年に初めて宗教政党や右派だけで構成される政権が誕生した」

「イスラエルは今後劇的に変わっていくだろう。確かに出生率が高いが、果たしてそれを成功といえるか分からない。人口増に対応していく十分な将来計画がなく、大きな懸念となっている」

――日本の出生率は低迷しています。

「一部の西欧諸国と日本の出生率にそれほど大きな違いはない。違いは前者は移民を受け入れ、後者はあまり受け入れないという点だ。世界の人口が少なすぎると心配している人はほとんどいない。問題は（世界から）人がいなくなっていくということではない。特定の国籍の人が減少することに危機感を感じる人がいるのだろう」

Daphna Carmeli

イスラエルのヘブライ大学で博士号（社会学）取得。生殖医療の政治学、ジェンダーと健康などに詳しい。1995年から現職。

特集

# 座談会　ＣｈａｔＧＰＴと考える少子化ニッポンの成長の道

世界の人口減を先取りするかのように、想定を上回るペースで日本で生まれる子どもの数が減り続けている。少子化対策に欠けていたものは何か、仕事と育児の両立に必要なものは何か、人口減社会でも成長を続けられるのか——。そんな疑問を対話型人工知能（ＡＩ）「Ｃｈａｔ（チャット）ＧＰＴ」にぶつけ、生成された回答をもとに経済学者やエコノミスト、企業経営者がＡＩとの座談会形式で解を探った。

座談会に参加した（左から）サイボウズの青野慶久社長、ニッセイ基礎研究所の天野馨南子氏、大正大の小峰隆夫客員教授

## Q1 日本のこれまでの少子化対策は何が間違っていましたか？

### ChatGPTの回答

●定額の児童手当の導入や育児休業法の改正、保育所の整備など、多くの政策が実施されてきましたが、出生率は上がっていません。政策が十分な効果を発揮していないことや、社会的な問題が背景にあることが挙げられます

●具体的には、女性が仕事と家庭の両立を困難に感じる社会的な制約や、若者の経済的不安定さが原因の一つと指摘されています。教育や就労の機会が増えて女性が自己実現を求めるようになり、子育てに時間を割くことが難しくなっていることも要因の一つです

●今後の対策は、こうした社会的な問題にも着目し、女性や若者が子育てをしやすい環境を整備することが必要です

（注）回答を一部改変・省略する場合がある

## 少子化は副作用、根本治療が必要

天野馨南子氏　アンコンシャスバイアス（無意識の偏見）が入っている。「仕事と家庭の両立を困難に感じる社会的な制約」は女性だけでなく「若い男女とも」だろう。男性の方が社会的制約を感じているとの調査結果すらある。回答は日本で人口多数派となっている40代以上の意見に偏っていて古いと感じる。

青野慶久氏　ＡＩは今ある情報を基に答えを返す。過去が反映された答えになるので、あまりクリエーティブではないし、未来に向けたものになっていない。

小峰隆夫氏　無難な回答だ。経済的な背景は当然あり、国の予算も十分に手当てされてこなかった。考えなければいけないのは、少子化が病気なのではなくて、もっと大きな病気に伴う副作用ではないかということ。男女共同参画が不十分、働き方が柔軟ではないといったことが本当の病気で、少子化は結果として起きた副作用ではないか。子育て支援は病気で熱が出たから解熱剤を飲んでいるようなもので、根本治療にはならない。

## Q2 なぜ希望する子どもの数が減っているのでしょうか?

### ChatGPTの回答

●理由は、複数の要因が複雑に絡み合っているため一概には言えませんが、代表的な理由を挙げてみます

●一つは、女性が社会進出し、結婚・出産を先延ばしにすることが一般的になったことです。女性が社会で活躍することは良いことである一方で、出産年齢が上がることにより妊娠や出産のリスクが高くなるため、希望する子どもの数が減少しているというデータがあります

●子育ての負担や費用が増えていることも理由の一つです。費用や時間の負担が大きくなると、希望する子どもの数が減る傾向にあります

●若者の就職難や不安定な雇用状況、高齢化社会における年金や介護費用の負担増など、経済的な不安感が高まっていることも、原因の一つとなっています

## 子どもに触れる機会増やし、社会を「フレンドリー」に

天野氏　これも女性の社会進出で結婚・出産が遅れたというアンコンシャスバイアスが出ている。女性の初婚のピークは現在でも26歳、男性は早婚化傾向すらある。お年寄りの結婚が少しでも増えれば平均値は上がるが、初婚の最頻年齢はほぼ晩婚化していない。ただ「晩婚晩産」というワードにおどらされ、先延ばしした結果、未婚化する男女が増えている。これが問題だ。かつていわれた女性が社会進出するほど出生率が低くなるという相関関係は今は統計的にみられない。

青野氏　AIがいうように複数の要因が複雑に絡み合っている。だから回答が挙げているものだけ見ていてはダメだ。２人目の子どもを産むかやめるか、の分かれ道は男性が育児するかどうかも要因だ。１人目の育児で女性がシングルマザーのように１人で背負っていれば、２人目は産めないと思ってしまう。男性にも理由がある。

小峰氏　希望する子ども数の減少はかなり大きな問題だ。これは短期的に達成可能な最大限の出生率を意味するからだ。かつては１・８で政府目標になっていた。我々の計算では今は１・６ぐらいまで下がっている。希望自体を上げる場合はよほど強い理由が必要で、そもそも可能なのか。

青野氏　子どもに触れる機会が減った。社員が赤ちゃんを会社に連れてきて（ほかの社員が）抱っこしてみたりすると「私も」と連鎖することがある。子どもに接する機会をつくると数字は上がるかもしれない。

小峰氏　社会が結婚・出産にフレンドリーになった結果、希望出生率が上がるのが理想的だ。

## Q3　少子化対策は誰のためでしょうか？

### ChatGPTの回答

- 少子化対策は、将来的に日本が抱える様々な問題に対処するため、日本全体のために行われる必要があります
- 高齢化に伴う労働力不足や社会保障制度の財政難、地域経済の活性化など、少子化によって引き起こされる問題は、個人だけでは解決できないものです。少子化対策は国や自治体、企業などが積極的に取り組むことが必要であり、社会全体の利益のために行われるべきです
- 子どものために行われる政策も多くあります。保育所の整備や教育支援制度の充実

などは、子育て世帯や子どもに直接的な利益をもたらす政策です。それらの政策は社会全体の利益のためにも重要で、長期的な視点で見れば、全体的な経済発展や社会的安定のためにも必要となります

## 「社会全体の利益とは」考える契機に

小峰氏　重い問いかけに対し、出てきた回答は常識的で軽い。経済学的には外部性の議論になる。「社会全体の利益」とは子どもが多いことで、その人だけでなく、周りも幸せになるということだ。だから政策的に支援するという理屈になる。では、経済が発展するために私たちは子どもを産まなければならないのか。本来、私たちの幸せのために経済があるのであって、これはおかしい。ＡＩの回答はそこが逆転しているが、議論すると深刻な、重いテーマを考えるきっかけになる。

青野氏　「日本全体のため」と答えているが、もう一歩踏み込んでほしかった。例えば80歳以上の人にとっては、自分たちに回るはずのお金が子どもに回るのだからマイナスが大きい。子どもが育って労働者になって年金を支えるまでには時間がかかる。「上の世代には我慢してもらってでも（少子化対策を）やりましょう」「お年寄りの人

たちは我慢する面もある」と踏み込んでくれれば納得の回答だった。

天野氏　国や地域、社会全体のためというのはきれい事だ。少子化対策は個人個人が自分の老後のために真剣に考えるべき問題だ。若い世代ほど自分の首を絞めかねない。特に女性は人口動態的に男性より80〜90代まで生きる人が多い分、よりリスクが高い。お年寄り世代には、皆さんは安泰でもあなたのお孫さんが苦しむ未来を迎えると、もっと伝えていかなければいけない。

## Q4 男女とも、育児と仕事の両立のためには何が必要でしょうか？

### ChatGPTの回答

- 男性の育児参加を促すためには、以下のような働き方の見直しや社会のサポートが必要です
- 育児休業を取得しやすくしたり、時短勤務制度を充実させたりすることで男女ともに両立しやすい環境を整えることができます。テレワークなど場所や時間にとらわれない働き方の促進も有効です
- 育児に対する意識改革が必要です。男性が育児参加しやすい社会的な環境を整える

ことが重要で、育児休業や育児時間の確保などの支援を行うことが必要です

●男性が積極的に参加するためには、育児に関する知識やスキルを身につける必要があります。家庭や地域で情報提供やカウンセリングなどの支援を行うことが大切です

## 世代間の価値観のギャップ解消を

青野氏　きれいな回答で（合格の）マルをあげたいが、もう一歩、なぜできないのかを指摘してほしい。男性が育児参加できないのは制度ではなく意識面の問題だ。誰の意識改革が必要なのか。若年層はすでに育休を取りたいと思っている。年功序列の上の方にいる権限を持つ人たちが男性の育児参加を止めているという点まで踏み込めば、ＡＩの回答は面白かった。

天野氏　調査でも若年男性は仕事と育児を両立したいと思っている状況が浮かび上がる。なぜできないかといえば上の世代が重要性を理解できていないから。世代間の価値観の違いをはっきり世の中に示していくべきだ。労働者へのカウンセリングなどで済む問題ではない。

小峰氏　自分が責められているような気も……。価値観の世代間ギャップは自然に任せても改善は遅い。強制的な後押しも必要かもしれない。企業が両立環境を整えることで優秀な人材が集まる。企業が伸びて働いている人が幸せになり、より人材が集まるという好循環が望ましい。それがほかの企業に波及し、流れが速く進む。

青野氏　空気を変える率先垂範がワークした。私は3人目の子どもが生まれたときに上2人の保育園送迎のために短時間勤務にした。上場企業の社長自ら午後4時に会社を出る働き方になって男性の育休取得率はぐんと上がった。いま部長、社長といった役職の方には育休の機会が少ないかもしれないが、孫が生まれたら孫休暇を取るのはどうか。一気に雰囲気が変わる。

小峰氏　素晴らしいアイデアだ。私も取るかもしれない。

## Q5　人口減や少子高齢化でも成長を続けるためには何をすべきでしょうか？

### ChatGPTの回答

❶技術革新による生産性の向上

例えば、人工知能やロボット技術の導入など、労働力を補完する技術の開発・導入

が必要です

❷外国人労働者の受け入れ

労働力不足の深刻化を踏まえ、外国人労働者の受け入れを進めることが重要です。日本語教育や生活環境の整備、法的な制度整備など多くの課題があります

❸新しい産業の育成

成長の源泉となる新しい産業の育成が必要です。地方創生、観光、医療、介護、農業、エネルギーなど、日本の強みや地域の特性を生かした新しい産業の育成が必要です

❹地域間格差の解消

地方創生を進めることが重要です。地方での働き方の選択肢の拡大や、地域の特性を生かした産業の育成、インフラ整備など、地域の活性化を図る施策が必要です

**外国人労働者の受け入れ、真剣に議論を**

天野氏　出生率が1・8～1・9といった徐々に出生数が減る少子化国なら模範解答だ。だが日本は出生数が激減している国。現行の早さで少子化が続けば大量の高齢者

を少数の若者が支える社会保障制度の構造問題が解決しない限り、経済成長どころではない。人口減少に対応して経済成長を目指すならば大量の移民が必要となる。しかしそれも容易ではない。カナダは人口の2割以上が移民となる規模で毎年移民を受け入れて成長を維持している。

**小峰氏**　経済学者としては人口が減っても成長は可能という答えになる。人口が減る分、生産性が上がればカバーできる。AIの回答は人口が減っても減らなくてもやるべき施策がまざっている。技術革新や新しい産業は経済発展の王道で、人口が減るときにはやらなければならない度合いが強まるだけだ。日本がオープンになって外国人にとっても働きやすい国になり、日本で働きたいという外国人が増えるなら歓迎すべきだ。外国人を安い労働者としてしかとらえていないなら早晩、限界がくる。他国も賃金は上がり、労働者が日本を選ぶとは限らない。

**青野氏**　質問に「日本が」と加えたら回答は違ったかもしれない。日本は工業化社会の勝ちパターンを引きずり、1990年ごろから世界が情報化社会に向かうなかで切り替えられなかった。失われた30年間で明らかにやらなかったことは、ベンチャーの育成だ。新しく出てくる産業に目を向けず排除すらした。ベンチャーを育成し、産業を入れ替えていく風土をつくらないと人口激減のなかでの成長はきつい。

## 座談会を終えて――AIはさらに進化、回答をたたき台に

小峰氏　問いかけに文章で答えるというＡＩがどんどん発展し、広がっていくだろう。新しい次元に飛んだような気がして、今回は先駆けの歴史的な座談会なのかな、と思う。大学のレポートでいえば、創造性がないので「Ａ」評価は付けられないが、「Ｂ」にはすでになっている。学生が使い出したらどうするか、教師にとっては悪夢のような一面もあるほどだ。ＣｈａｔＧＰＴの回答が常識のようになり、フェイク的な常識が皆の常識になる素地がつくられてしまう懸念はある。プラス面と今後出てくるであろう様々な問題があるが、まさしく（ＡＩと共存する）入り口にいるんだなと強く感じた。

天野氏　非常に素晴らしい機能ではあるが、回答は最終解ではなく議論のたたき台であることを忘れてはならない。日本人はディスカッションが得意ではないので、こうした機能を使って「こういっていますよ。では、あなたは独自の回答を持っていますか」と問いかけていくような使い方は面白いと感じた。回答に突っ込みを入れられる

ような学生さんを高く評価するといった使い方も考えられる。

**青野氏**　コンピューター側のビジネスをしている者として、驚愕《きょうがく》している。これだけ自然に答えを返してくれるレベルまでできちゃった。しかもこれから進化する。まだ序の口で「A」評価まで上がる可能性がある点も衝撃だ。ただ座談会では限界も感じた。どうしても一般論になり、踏み込みが足りない。まだ人間が補完してあげないといけない部分はある。AIをもっと賢くするためにも人間が頑張らなければいけないとも感じた。

**小峰隆夫氏**
1969年東大経卒、経済企画庁（現内閣府）入庁。調査局長などを経て、2003年法政大教授。17年大正大教授、23年客員教授。2人の孫と遊ぶのが楽しみ

**天野馨南子氏**
東大経卒、1995年日本生命保険入社。99年ニッセイ基礎研究所出向。現在は生活研究部で人口動態シニアリサーチャー。就学児童の母

**青野慶久氏**
大阪大工卒、松下電工（現パナソニック ホールディングス）を経て1997年に地元愛媛県でサイボウズ設立。2005年社長。3児の父として育休を3度取得

## 「人口と世界」取材班

川合智之／山田宏逸／星正道／早川麗／倉辺洋介／鈴木壮太郎／
大塚節雄／柳瀬和央／張勇祥／中村裕／覧具雄人／天野由輝子／
恩地洋介／村松洋兵／白石武志／松本史／竹内康雄／久門武史／
大西智也／松井基一／川手伊織／松尾洋平／北松円香／中島裕介／
小川知世／木寺もも子／竹内弘文／中村結／新田祐司／志賀優一／
南毅郎／島本雄太／花田亮輔／白岩ひおな／杉浦恵里／今橋瑠璃華／
北川開／今出川リアノン／鎌田健一郎／北爪匡／渡辺健太郎／
武田健太郎／森永憲次／桑山昌代／内海悠／合田義孝／
松田崇／中島惇／鈴木泰介／勝野杏美／湯澤華織

# 人口と世界

2023年6月23日　1刷1版

| | |
|---|---|
| 編　者 | 日本経済新聞社 |
| 発行者 | 國分正哉 |
| 発　行 | 株式会社日経BP<br>日本経済新聞出版 |
| 発　売 | 株式会社日経BPマーケティング<br>〒105-8308　東京都港区虎ノ門4-3-12 |

| | |
|---|---|
| カバーデザイン | 秦浩司 |
| 本文デザイン | 野田明果 |
| DTP | マーリンクレイン |
| 印刷・製本 | シナノ印刷 |

ISBN 978-4-296-11624-9
Printed in Japan

本書籍に関するお問い合わせ、ご連絡は下記にて承ります。
https://nkbp.jp/booksQA